Der Hintern auf Grundeis,
das Herz im Himmel

Eine Biografie, die Mut macht

von Laura Milde
bekannt als Wilde Milde

edition winterwork

Autor: Laura Milde

www.wildemilde.com

www.lauramilde.com

Lektorat:

Christina Katharina Borgs und Stefanie Christiane Borgs

Alle vorkommenden Namen wurden geändert, bis auf den der Autorin.

Für meinen Vater,
der nicht aufhörte an mich zu glauben,
wie weit unten auch immer ich war.

Inhalt

Vorwort

Ich heiße Laura Milde und bin auch bekannt als die
„wilde Milde". Ich bin 57 Jahre alt und immer noch wild.
Ich blicke zurück auf ein in der Tat bewegtes Leben. Ich
habe sozusagen alles mitgenommen, was sich so anbot,
um mich lebendig zu fühlen und gesehen zu werden.
Manches Mal habe ich auch zu laut „Hier!" geschrien
und bekam eine Extraportion von „Lebenseinheiten", auf
die ich lieber verzichtet hätte. Im Rückblick jedoch stelle
ich fest, dass ich genau da gewachsen bin, wo es unge-
mütlich und manchmal grausam war. Und ich habe noch
einiges an Leben vor mir, so Gott will. Jetzt, da ich „zubereitet bin", da ich meinen Weg gefunden habe, freue
ich mich über eine Lebendigkeit, die leiser daher kommt,
die darauf verzichtet, auf Biegen und Brechen im Mittelpunkt zu stehen. Ich teile meine Erfahrung und mein
Wissen mit Menschen, um zu ermutigen. Das tat ich bis
jetzt in meinen Seminaren und auf Trainings. Dort wurde
ich immer wieder gefragt, wann ich ein Buch schreibe.
Voilà, hier ist es, endlich! In diesem Buch zeige ich mich
ganz und gar. Mit all dem Wahnsinn, meinen Schwächen
und Stärken.

Warum schreibe ich meine Geschichte auf? Nicht,
um etwas zu verarbeiten. Das habe ich, dem Himmel sei
Dank, schon erledigt. Es war keine leichte, aber dennoch
lohnende Arbeit. Ich schreibe, um zu ermutigen. Wenn
ich es geschafft habe, aus dem Kuddelmuddel aus De-

pression, Angst und Selbstzweifel, aus Übergriffen und Verletzungen, aus dem Verlassenwerden und dem Konfrontiertsein mit dem Tod, herauszufinden in ein glückliches, gesundes, ja erfülltes Leben, dann schaffen das auch Menschen wie Sie und Du. Ich will ermutigen, das Leben aus einem neuen Blickwinkel anzuschauen. Sich zu trauen, Missstände zu ändern und aufzubrechen, wenn es da, wo man sich aufhält, nicht mehr gut ist. Ich will aber auch ermutigen, großzügig zu sein mit den Schwächen des Lebens und der Menschen. Wie oft finden wir das Leben unfair. Aber ich glaube, dass auch wir oft unfair dem Leben gegenüber sind. Wir halten alles für selbstverständlich und übersehen, welche Geschenke das Leben täglich für uns bereithält. Das gilt nicht immer und schon gar nicht für alle. Für mich galt es oft.

Mein Motto ist:

Mitmachen aus vollem Herzen. Resignation und Zynismus überwunden.

Leben wagen. Wild und abenteuerlich leben.

Wäre das auch etwas für Sie und Dich?

Ursache und Wirkung

Ich werde abgegeben wie ein Paket. Ich stehe in einem Gitterbett. Alles um mich herum ist fremd. In dem Zimmer stehen noch andere Betten. In denen liegen auch kleine Kinder. Eines weint. Eine Frau in einem weißen Kleid kommt und tut mir weh. Sie sticht mich mit einer Nadel. Ich bekomme Angst. Ich rufe nach meiner Mami. Die Tante in Weiß sagt mir, dass meine Mami heimgefahren ist und mich erst abholt, wenn ich wieder gesund bin. Ich werde in etwas Hartes, Enges gelegt. Ich kann mich nicht bewegen. Ich weine, aber niemand hebt mich hoch, wie das meine Mami sonst gemacht hat. Warum hat mich meine Mami hier gelassen? Hat sie mich nicht mehr lieb?

Nach der Diagnose Schiefhals, musste mich meine Mutter in der Klinik abgeben und wieder nach Hause fahren. Es war zu dieser Zeit nicht üblich, ein Mutter-Kind-Zimmer im Krankenhaus zu bekommen. Die Schwester schickte meine Mutter schnell weg. Sie meinte, je länger sie den Abschied ausdehne, umso schlimmer wäre es für mich.

Das Biestl

Strahlend, mit einem breiten Lächeln geht das kleine, bezaubernde Mädchen auf alle zu. Unschuldig und voller Vertrauen in die Menschen und ihre kleine Welt. Ebenso macht es seinem Unmut Luft, das kleine Energiebündel. Nichts, wovor man sich fürchten müsste, keine Konsequenzen für ungebührliches Verhalten. Weinen und im nächsten Moment lachen, die ganze Palette wird gelebt.

Dieses kleine Mädchen bin ich, die kleine Ingrid, genannt s'Biestl.

Die Großmutter wohnt im gleichen Haus wie ich mit meinen Eltern. Welch ein Glück, die Oma immer um mich zu haben. Wir haben eine innige Verbindung. Das Ritual, wenn ich zu ihr hinunter laufe, ist immer das Gleiche: Oma schaut nach, ob ich schön warm angezogen bin (das mag ich gar nicht gerne, aber es gehört irgendwie dazu), dann gibt es ein Stück trockene Semmel – und wenn es ein besonderer Tag ist, auch ein Wiener Würstchen. Was für eine Freude! An Festtagen neigt sich meine Großmutter ganz nah zu mir und sagt verschwörerisch: „Magst an Schocksti?!" („Magst Du Schokolade?") und dann essen wir gemeinsam ein gutes Stück von der Tafel und es ist so besonders. Es ist in der Tat eine Verschwörung: „Brauchst nix daheim zu sagen!" Es ist meiner Großmutter wohl wie eine Anleitung zur Genusssucht vorgekommen und das sollten meine Eltern nicht unbedingt erfahren. Ich habe diese Komplizenschaft sehr genossen.

Im Speicher haben mein Onkel und mein Vater eine kleine Wohnung für uns ausgebaut, mit runden Fenstern und direktem Zugang zum großen Flachdach. Ich liebe es, wenn mein Papa mit mir aufs Dach hinaufsteigt. Den Geruch von Teer habe ich heute noch in der Nase. Damit wurde die Dachpappe immer wieder gestrichen. Der Blick zum nahen Kirchturm der Nikolauskirche von Bad Reichenhall begeistert mich am meisten. Es ist ein Erlebnis, wenn grade die Glocken läuten und natürlich ist mein kleiner Hund Wuwu (ein kleiner Stofftier-Foxl) immer dabei und ich passe gut auf ihn auf, damit er nicht zu nahe an den Rand des Daches des vierstöckigen Hauses „läuft".

Ich bin ein kreatives kleines Mädchen, dekoriere mein Betti mit Kissen, Decken und meinem Petticoat. Wenn ich etwas angestellt habe, klopfe ich mir selbst auf den Popo und sage: „Du du!" Und wenn meine armen, angestrengten Eltern mich in die Ecke stellen „bis der Bock raus ist", komme ich nach kürzester Zeit strahlend heraus und sage „Der Bock ist gangen". Die Gondel der Bergbahn auf den Predigtstuhl heißt „kleines rotes Auto", da diese rote Kabine für meine Kinderaugen so aussieht wie der rote Fiat 500 meines Vaters und wenn ich „groß" muss, setze ich mich da hin, wo immer ich gerade gehe und stehe und sage: „Fest aa!" Warum „das Strumpfi lacht" (Kniestrumpf) konnte auch meine Mutter nicht ergründen. Im Kindergarten habe ich wohl eine Geschichte vom lieben Gott gehört, denn als meine Mutter ein Spiegelei für mich brät, deute ich darauf und sage mit feierlicher Miene: „Das ist das Auge Gottes!"

Fürsorglich bin ich außerdem: auf der Straße will ich einer Frau mit schwerer Einkaufstasche tragen helfen. Und wenn jemand verletzt ist, singe ich „Heile, heile Gänschen, wieder gut", letzteres im Befehlston. Das singe ich auch, als ich dem Schokoladenosterhasen die Nase abbeiße.

Eine kleine, heile Kinderwelt, bis, ja bis die Diagnose „Schiefhals" gestellt wird und die Kinderärztin Dr. B. dringend eine Behandlung in der Klinik in München empfiehlt.

Laut den Erzählungen meiner Mutter fuhr sie mit dem Zug von Bad Reichenhall nach München mit einem offenen, neugierigen Mädchen, das die Fahrgäste mit seinem Charme bezauberte. Wochen später holte sie ein völlig verängstigtes, scheues Kind in einem Gipsbett wieder ab.

Welch ein Einschnitt und Verlust der kindlichen, heilen Welt.

Die Belohnung war ein gerades Hälschen, und die Natur und die Zeit heilen so manches Trauma. Zu meiner einstigen Unbekümmertheit finde ich jedoch nicht mehr zurück. Ich bleibe ein ernstes kleines Mädchen.

Mit der kleinen Oma auf Reisen

Meine kleine Oma ist die Mama von meinem Papa.

Und sie ist klein. Und je älter sie wird, desto kleiner wird sie.

Es gibt dann noch die große Oma, das ist die Mama meiner Mami.

Und die ist groß. Sie ist vielleicht gar nicht *so* groß, aber sie ist mächtig. Davon später.

Als kleines Mädchen darf ich oft mit der kleinen Oma verreisen. Ich habe chronische Bronchitis und soll deshalb viel ans Meer, an einen See oder auf den Berg. Auf alle Fälle brauche ich viel Luftveränderung. Und so fahre ich mit meiner kleinen Oma in der „Weltg'schicht umanand", wie sie das nennt. Außerdem ist der Opa schon lange tot und ich erzähle jedem, dass die Oma dafür jetzt mich hat.

Ich bin wohl so um die vier Jahre alt, als wir wieder einmal verreisen, und zwar zum Weissensee. Die Region Weissensee ist ein heilklimatischer Luftkurort in Kärnten und das ist für meine Bronchien wohl genau das Richtige. Umringt von Bergen liegt der klare Badesee auf 930 m Höhe. Aber das interessiert mich damals natürlich wenig. Für mich ist es spannend auf dem Bauernhof, wo wir übernachten und es für mich „viel zu tun" gibt. Ich „helfe" die Kälbchen zu tränken und die Schweine zu füttern.

Die geduldige Bäuerin lässt mich überall dabei sein. Im Garten spiele ich mit den Kätzchen und tolle mit dem Hofhund herum. Mit der Oma gehe ich in die Kirche und wir singen lauthals „Großer Gohoooott wir lohoooben Dich". Das sind wertvolle Momente voller Inbrunst und Nähe, an die ich mich bis heute erinnere.

Ich lerne auch ein kleines Mädchen vom Ort kennen. Es wird meine Freundin für die Zeit des Urlaubs und ich darf sie bei sich zu Hause besuchen und mit ihr Mensch-ärgere-dich-nicht spielen. Natürlich ärgere ich mich ganz fürchterlich, wenn ich verliere, aber spielen mag ich es doch immer wieder. Und ich darf sogar bei ihr übernachten. Das ist eine ganz spannende, aufregende Sache und ich freue mich sehr, dass es die Oma erlaubt. Der Papa von dem Mädchen ist auch ganz nett zu uns und bringt uns ins Bett. Aber etwas ist komisch an dem Mann. Er trägt einen Stock vor sich her und er hat nichts an außer einem Pullover. Ich verstehe das nicht. Er meint dann noch, dass wir wohl eine Figur von unserem Spiel ver-schlampt hätten und sucht diese im Popo meiner neuen Freundin. Das kommt mir sehr, sehr komisch vor. Aber das Mädchen scheint sich nichts daraus zu machen und so versuche ich, diese eigenartige Geschichte wieder zu vergessen. Aber übernachten will ich nicht mehr bei ihr, auch wenn sie noch so bettelt.

Auf dem Hof gibt es einen Mann, der nicht hören kann, aber dafür wunderschön malen. Und mit ihm verbringe ich ganz viel Zeit. Er ist begeistert, wie gut ich mich auf ihn einstellen kann und wie gut wir uns verstehen. Er malt mir ein buntes Bild vom Hof und schenkt es mir zum Abschied. Den hätte ich sofort geheiratet, aber meine Oma meint, dafür wäre ich noch zu jung.

Meine Freundin Mouna und das Häusl

Mouna, ein selbstbewusstes, rundliches Mädchen, dessen Hormone früh in Wallung gerieten, war meine beste Freundin.

Wir sind Schwestern. Nein, keine leiblichen. Wir sind Blutsschwestern. In einem dramatischen Ritual schnitten wir uns in den Finger, legten die blutenden Wunden aufeinander und schwuren uns ewige Treue, dass wir uns bis zum Tode nicht verlassen würden und, das war der wichtigste Teil, den sich Mouna ausgedacht hatte, füreinander einstehen wollten, was immer auch passieren möge.

Ich nahm das alles sehr, sehr ernst. Mouna nicht. Als sie einmal sechs Wochen Kinderkur auf einer kleinen Ostseeinsel verbrachte, hatte sie mich vergessen. Ich schrieb ihr glühende Briefe, die allesamt unbeantwortet blieben und ich litt höllisch an der Sehnsucht nach ihr. Als einmal eine einfallslose Ansichtskarte kam, mit dem ebenso einfallslosen Text: „Das Wetter ist schön, mir geht es gut, die Schwestern sind nett. Viele Grüße Mouna", tat es noch mehr weh. Vorher konnte ich mir einreden, dass das Postschiff untergegangen war und die langen, sehnsuchtsvollen Briefe meiner Blutsschwester nun auf dem Meeresgrund lagen, und die Wellen die blaue, besser noch, die rote Tinte wegspülten.

Als Mouna wieder zu Hause war, schenkte sie mir wieder ihre Aufmerksamkeit. Sie zeigte mir als Erste, dass es da einen kleinen Ort an meinem Körper gab, der ganz speziell auf Berührungen reagierte. Sie erzählte mir ihre sexuellen Fantasien, die ich nicht verstand. Was ich verstand, war ihre Wärme und Nähe, ihre fordernde Zuneigung und das Gefühl, das sie in mir auslöste. Ich liebte es, wenn ich bei ihr übernachten durfte, in dem Zimmer, das früher einmal meines gewesen war, in unserer früheren Wohnung – und das kam so:

Mouna lebte mit ihren Eltern in einem kleinen entzückenden Häuschen auf einem Hügel in Nonn, außerhalb von Bad Reichenhall, am Fuß des Staufen, dem Hausberg der Kurstadt, in einer Waldlichtung. Ein idyllischer Ort. Die Rehe kamen bis an den Zaun. Der Blick auf Bad Reichenhall war bezaubernd.

Mounas Eltern wollten unbedingt in die Stadt, in eine ordentliche Wohnung. Sie sehnten sich nach Komfort und nach mehr Platz. Ich jedoch war derart angezogen von diesem magischen Ort, so mitten im Wald, auf der Höhe (schönste Alleinlage würde man heute sagen), dass ich meinen Eltern davon vorschwärmte. Und da ich die Naturverbundenheit von ihnen hatte, waren auch sie ganz aufgeregt, was das wohl für ein hübscher Ort sein möge. Und so war die Idee geboren: wir schlagen Mounas Eltern vor, die Wohnungen zu tauschen.

Und so war es dann auch gekommen. Meine Eltern und ich zogen ganz glücklich in dieses kleine, ja kleinste Häuschen mit zwei Zimmern, Küche und Minibad und Mouna mit ihrer Familie in unsere große, schöne, zentral gelegene 5-Zimmer-Wohnung mit riesigem Bad und modernem Gas-Boiler in Bad Reichenhall.

Das Leben in dem Häuschen war aufregend. Für mich als kleines Mädchen, das die Natur und die Tiere liebte, das reinste Abenteuer. Wann immer ich konnte, hielt ich mich im Wald auf, hatte bald meinen Lieblingsbaum gefunden, der so krumm gewachsen war, dass ich wie auf einer Bank mit Rückenlehne darauf sitzen konnte und träumte unter dem Blätterdach vor mich hin. Im Herbst kämmte ich die Wiese – ja, ich strich die langen, dürren Halme glatt, auf dem Hang oberhalb unseres Häuschens. Ich wurde nicht müde, den Eichhörnchen zuzusehen, wie sie in den höchsten Wipfeln von Baum zu Baum sprangen und auf den dünnen, biegsamen Ästen balancierten. Im Winter kamen dann die Rehe tatsächlich bis an unseren Zaun. Wir fütterten sie mit den Kastanien, die ich im Herbst gesammelt hatte. Ich war glücklich. Sogar, dass ich auf ein eigenes Zimmer verzichten musste und nur noch einen Vorhang um mein Bett herum hatte, darüber Regale für meine Spielsachen, war es mir wert, hier zu sein.

Meinem Vater erging es ebenso. Er schleppte gerne die Ölkanister den Berg hinauf, in jeder Hand einen 20-

Liter-Kanister, über 192 kleine Wiesenstufen, denn es führte keine Straße zu unserem Häuschen. Den Umzug hatten wir mit dem Traktor eines Bauern über dessen Bergwiesen gemacht. Im Wohnzimmer gab es den einzigen Ölofen, aber da ja alles recht klein war, heizte er die angrenzende Küche und das Schlafzimmer ganz gut mit. Im Bad, das direkt in den Felsen gebaut war, gab es einen kleinen Heizstrahler. Wenn ich in der Badewanne lag, sah ich, wie das Wasser in feinen Rinnsalen an der Felsenwand herunterlief und in mein Badewasser tropfte. Ein herrlicher Ort zum Träumen.

Mein Vater, der immer wieder tolle Erfindungen machte, baute eine Leitung vom angrenzenden Schuppen zum Ölofen im Haus. Nun brauchte man im Winter nicht mehr, mit der schweren Kanne durch den hohen Schnee stapfend, das Öl aus dem Ölfass holen. Und er legte eine elektrische Leitung die Wiesentreppe hinunter, installierte viele kleine Lampen und brachte einen Schalter am Fuß der Treppe an, so dass man auch nachts bequem nach Hause fand. Besonders praktisch war für mich, dass es ein klackendes Geräusch verursachte, wenn meine Eltern spät nach Hause kamen und unten das Licht einschalteten. Da meine Eltern erstmalig im Häusl, wie wir unser neues Zuhause liebevoll nannten, einen Fernseher anschafften, war die Faszination dieser für mich neuen Erfahrung natürlich zu groß, als dass ich das Fernsehverbot hätte einhalten können. Und so konnte ich gerade rechtzeitig ins Bett hüpfen und mich schlafend stellen, sobald ich das „Klack" hörte, das mir verriet, dass meine Eltern nach Hause kommen.

Nun träumte ich, Gräfin Mariza zu sein, oder Sissy, oder die wilde Emma Peel von „Schirm, Charme und Melone".

Meine Mutter tat sich etwas schwerer mit den Herausforderungen, die das Leben mitten im Wald, auf engstem Raum, ohne jeglichen Komfort darstellte. Da sie immer wieder an Schlaflosigkeit litt, schlief sie meist auf der Couch im Wohnzimmer. Ihr fehlte sicher ein bisschen Privatsphäre, obwohl auch sie diesen Platz liebte, besonders im Sommer, wenn das Leben hauptsächlich draußen auf der riesigen Terrasse stattfand. Diese hatte mein Vater, nachdem sie abgerutscht war, mit großem Kraftaufwand und einer extra dafür angefertigten Konstruktion, einer Art Seilwinde, wieder begehbar gemacht.

Überhaupt arbeitete mein Vater in seiner freien Zeit ständig an irgendetwas. Einmal baute er eine Gartenbank aus Holz, ein andermal einen Freisitz mitten in den Bäumen über dem Abhang. Hier saß er dann, wie mir vorkam, stundenlang und träumte vor sich hin.

Mein Glück war vollkommen, als er mir ein Baumhaus baute. Das war ein richtiges, stabiles Haus, in dem zwei Gartenliegen Platz hatten, sowie ein Klapptisch und zwei Stühle. Sogar elektrisches Licht hatte ich. Mein Vater brachte mir eine schöne Teakholzlampe aus seinem

Kunsthandwerkgeschäft mit. So war mein Häuschen schmuck eingerichtet und ich wohnte den ganzen Sommer über, bis weit in den Herbst hinein, dort oben in meinem Reich und konnte sogar Mouna zu mir einladen. Einige wenige Male übernachtete sie bei mir. Es war ihr alles zu primitiv. Außerdem hatte sie Angst vor Spinnen. Sie war inzwischen verwöhnt vom Komfort der großen Stadtwohnung. Ich empfand völlig anders. Ich war stolz auf mein eigenes Reich, auf meinen Wald, auf meinen Berg. Mir gehörte die ganze Wiese, ihr nur ein kleines Zimmer in der Stadt. In meiner „Traumvilla" gab es sogar Telefon und zwar eines dieser alten, schweren, schwarzen Feldtelefone, die mit einer Kurbel zu bedienen waren. Der zweite Apparat stand im Häusl und wenn das Essen fertig war, klingelte meine Mutter durch und ich kam von meinem Baum herunter. Es war wohl die schönste Zeit in meiner Kindheit.

Zur Schule fuhr ich mit dem Fahrrad. Einmal in der Woche konnte ich mit „dem Hafei" in die Stadt fahren. Herr Hafner war ein wunderbarer, aus meiner Sicht alter Mann, der mit Speck und Eiern handelte. Jeden Mittwoch fuhr er mit seinem klapprigen Kombi in die Stadt, um seine Waren zu verkaufen. Das war dann immer mein Glückstag. Denn mein Schulweg war beachtlich und besonders bei kaltem Regenwetter und im Winter bei Schnee recht beschwerlich. Manchmal lud mich Herr Hafner zu sich ins Haus ein und dann gab es Speck, selbst gebackenes Brot und ein kleines Glaserl Wein. So lernte ich schon früh den Genuss einer solchen Brotzeit schätzen. Ich liebte die vertraulichen Gespräche, die wir führten. Ihm konnte ich alles erzählen. Mehr noch als meiner Oma. Denn der Hafei war schweigsam wie ein Grab und er schalt mich nie aus, was auch immer ich ihm anvertraute.

Gerne ging ich zum Milchholen, auch wenn ich den Wiesenhang hinunter stiefeln musste, dann den anderen Berg hinauf zum Bauern und das Ganze wieder zurück. Ich liebte den Stall, den Geruch der dampfenden Leiber der Tiere. Bald kannte ich alle Kühe beim Namen, durfte die Schweine füttern und die Pferde striegeln. Lustig fand ich, den Kälbern den Finger ins Maul zu stecken, woran sie dann saugten und ich sie so lange streicheln konnte. Ich war stolz, wenn ich mit der großen Heugabel den Kühen das Heu einstreuen durfte und eine besondere Freude empfand ich, wenn ich die Haflinger auf die Weide führen durfte.

Dass im Häusl der Schwamm immer mehr um sich griff, interessierte mich wenig. Erst als mein Vater das ganze Haus ausräumte, den alten Boden herausriss, Beton eingoss, den er säckeweise den Berg herauf schleppte, verstand ich, dass es wohl nicht gut ist, wenn die Schwammerl in der Wohnung wachsen. Mein Vater verlegte eigenhändig einen hellen Lärchenboden. Unser Häusl erstrahlte in neuem Glanz. Selbst meine Mutter war ganz glücklich über diese Verbesserung. Er sah auch richtig edel aus, unser neuer „Parkettboden". Den Schwamm konnten wir jedoch nicht aufhalten. Mit der Zeit wuchs er schamlos über unseren schönen, neuen Boden.

Als ich die Masern hatte, durfte ich im Wohnzimmer auf der Couch schlafen. Als es mir besser ging, durfte ich sogar etwas fernsehen. So schlecht war das Kranksein gar nicht. Und als meine Eltern dann noch mit einem Hundebaby heimkamen, fühlte ich mich auf der Stelle gesund. Ich war im Himmel. Das konnte doch gar nicht wahr sein, dass mir meine Eltern einen Hund schenkten. Ich konnte mein Glück gar nicht fassen. Kito war ein Collie, ein Hund wie Lassie, nur schwarz, weiß und braun. Jetzt war ich auf meinen Streifzügen durch Wald und Wiesen nicht mehr allein. Kito hörte mir immer aufmerksam zu und spitzte seine Ohren, wenn ich ihm etwas erzählte. Und ich weinte in sein Fell, wenn ich traurig war. Besonders dringend brauchte ich ihn als Freund, als sie *meinen* Baum gefällt hatten. Fassungslos stand ich vor dem Baumstumpf. Mein Baum lag da auf dem Boden – so krumm, wie er gewachsen war. Das tat so weh. Es schnitt tief in mein kleines Herz. Kito hielt ganz still und ich weinte meine Schmerzenstränen in sein dickes Fell. Noch heute kann ich es nicht gut aushalten, wenn ich sehe, wie ein Baum gefällt wird. Und das Lied von Alexandra: „Mein Freund der Baum ist tot, er fiel im letzten Morgenrot" war ab da mein Lied. Ich sang es und weinte gleichzeitig. Es dauerte lange, bis dieser Schmerz nachließ.

Oft kam meine Tante Zita aus München mit ihrem Sohn Tobi auf Besuch. Es gibt heute noch ein Foto von mir, wie ich das Baby Tobi auf dem Schoss habe. Stolz wie eine frischgebackene Mama. Manchmal betreute Zita mich, wenn meine Eltern verreist waren. Sie brachte auch ihren dicken Kater mit, den Charly. Es war allerliebst, wie Kito und Charly miteinander spielten. Oder die beiden schliefen eng aneinander gekuschelt auf dem „Hundesessel". Tante Zita nähte für meine Eltern und mich und sogar für die Modeboutique Graziella, die meine Mutter eines Tages eröffnete.

Jetzt wartete meine Mutter nicht mehr auf mich, wenn ich von der Schule nach Hause kam. Das war eine ziemliche Umstellung für mich. Im Winter kam ich ins kalte Häusl und musste erst einmal den Ölofen anheizen. Wir mussten an allen Ecken und Enden sparen, das wusste ich von meinen Eltern. Dazu kam, dass es viel zu gefährlich gewesen wäre, den Ofen alleine brennen zu lassen im Häusl mitten im Wald. Ich genoss aber auch die Alleinherrschaft hier oben auf meinem Berg und zögerte das Hausaufgabenmachen so lang wie nur möglich hinaus.

Manchmal besuchte ich meine Mutter in der Boutique, bevor ich von der Schule heim radelte. Ich durfte ihr dann helfen, die Kleider zu dekorieren. Sie war eine Meisterin der Schaufenstergestaltung, kreativ und modern. Einmal gab es einen Wettbewerb. Alle Schaufenster in Bad Reichenhall wurden begutachtet und die Schönsten prämiert. Meine Mami gewann einen Preis. Und ich war so stolz auf sie.

Eines Nachmittags hatte ich ein komisches Gefühl und ich bat meine Mutter, bis abends bei ihr bleiben zu dürfen. Aber sie forderte mich auf, doch schon heim zu radeln, weil der Ofen angeheizt werden musste. Es war kalt und der Schnee lag hoch. Ich bettelte und weinte und so gab meine Mutter nach und wir gingen gemeinsam nach Hause. Meine Mutter ging immer zu Fuß und so schob ich mein Fahrrad neben ihr her. Von der Stadt aus ging es über eine Fußgängerbrücke über die Saalach, dann durch ein Wäldchen durch die Nonner Au an der Hosewasch entlang, zu unserem Berg mit den vielen Wiesenstufen, die jetzt ganz eingeschneit waren. Als wir in dem Wäldchen ankamen, hörten wir schrille, spitze Schreie: „Hilfe, Hilfe!" Ich erstarrte. Meine Mutter lief beherzt in die Richtung und schrie ebenfalls: „Was ist los? Wo sind Sie?" Da lief ein Mann aus dem Wald auf mich zu und nun schrie ich ebenfalls, ließ das Fahrrad fallen und rannte in Richtung meiner Mutter. Der Mann war nackt unter seinem Mantel und ich zu Tode erschrocken. Meine Mutter kam zu mir zurück geeilt, sah den Mann und baute sich wild vor ihm auf, schnaubte ihn an, was er sich überhaupt dabei denke und er solle sofort machen, dass er weg käme. Wahnsinn! Wie mutig meine Mami war! Der Mann raffte tatsächlich seinen Mantel zusammen und lief davon. Meine Mutter nahm sich nun der jungen Frau an, die von dem Mann belästigt worden war und wir nahmen sie mit zur „Grauen Katz", dem Gasthaus in Nonn, wo wir die Polizei verständigten. Das war eine anschauliche Lektion für mich und noch oft in meinem Leben sollte ich den Mut brauchen, den ich damals an meiner Mutter so bewunderte.

Die Ferien auf dem Bauernhof

Wir sind über ein paar Ecken verwandt und ich nenne sie Tante Anna. Sie hat den schönsten Bauernhof der Welt. Und den nettesten Knecht. Der lässt mich nämlich selber Traktor fahren, obwohl ich erst neun bin. Er meint, ich stelle mich ganz gut an. Ich darf fast jede Sommerferien auf diesem Hof in der Nähe des Höglwörther Sees verbringen. Neben dem Stall gibt es noch ein stattliches Wirtshaus und viele Fremdenzimmer für Feriengäste. Ich verbringe dort eine aufregende Zeit, auch wenn viele Arbeiten von uns Kindern gemacht werden müssen. Wir treiben morgens nach dem Melken die Kühe auf die Weide und abends wieder zurück zum Stall. Wir klauben Kartoffeln, was eine langweilige Arbeit ist. Dafür macht es Spaß, den Kühen, die im Stall bleiben, Gras oder Heu in die Tröge zu schaufeln. Besonders gerne füttere ich die Kälbchen mit dem Eimer, an dem ein Nuckel angebracht ist. Und wenn die Pferde auf die Koppel gebracht werden, darf ich auf einem Ackergaul reiten. Das ist dann das reinste Glück!

Nachts werde ich wach von lautem Rufen: „Kaibi ziang!" Sofort bin ich hellwach. Ich spüre die Aufregung im Haus. Der Knecht braucht diesmal Hilfe, weil das Kälbchen quer liegt. Ich schlüpfe hastig in meinen Trainingsanzug und sause die Treppen hinunter, schnell in die Küche, ein Stück Brot geschnappt, raus durch die schwere Eingangstür und rüber zum Stall. Der Knecht

Friedl, der Bauer und seine Frau stehen schon bei der Kuh und die Bäuerin redet beruhigend auf sie ein. „Kumm Kati, du schaffst des scho! Dafür kriagst a ganz schens Kaibi." Der Vieh-Doktor ist gekommen, er hat einen ganz langen Gummihandschuh angezogen und fasst der Kati hinten rein. Er versucht, das Kalb zu drehen. Der Leib der Kuh dampft. Sie schreit während des Eingriffs. Aber dann ist es geschafft, das Kalb liegt richtig für die Geburt und alle atmen auf. Ich kaue aufgeregt auf meinem Brotkanten herum. Dann werden Stricke an die Vorderhufe des Kälbchens gebunden und mit vereinter Kraft ziehen die Männer das Kalb ans Licht der Welt. Sofort wird es abgerieben und in einer Box aufs Heu gelegt. Ich verstehe das nicht. Warum darf das Kälbchen nicht bei seiner Mutter bleiben? Man erklärt mir, dass die Kuh es gar nicht merkt, wenn das Kalb sofort weggenommen wird. Es wäre viel schwerer, ihr das Junge später weg zu nehmen. Ich bin todtraurig. Es ist für mich einfach nicht richtig so. Im Trubel des Aufräumens und des gegenseitigen Gratulierens zur gut gelungenen Geburt merkt niemand, dass ich mich zur Box schleiche, wo das Neugeborene liegt. Es hat große blaue Augen mit langen, dichten Wimpern. Ich lege mich zu ihm ins Heu, schlinge meine Arme um seinen Hals und schlafe bald glücklich ein.

Als ich nach den Ferien zu Hause ankomme und meine Mutter den Koffer auspackt, sagt sie verständnislos: „Die Sachen stinken ja, als hättest du im Stall geschlafen!" Ich nicke geschäftig mit dem Kopf und sage begeistert: „Hab ich ja auch!"

Mit zwölf Jahren kommen für mich in den Sommerferien zu den Arbeiten im Stall und auf dem Feld noch das Helfen in der Küche und das Bedienen der Gäste dazu. Am Vormittag sitze ich mit der Gon (die Taufpatin eines der Bauernkinder) und der Oma am Küchentisch, mit einem Eimer zwischen den Knien beim Kartoffelschälen. Es werden Mengen davon gebraucht für Kartoffelsalat, Kartoffelknödel, Bratkartoffeln und Salzkartoffeln. Danach rolle ich Besteck in eine Serviette und decke die Tische ein. Auf jeden Tisch gehören ein Salzfässchen und ein Pfefferstreuer, ein Maggi-Fläschchen und ein Zahnstocherspender. Mit wichtiger Miene kontrolliere ich jeden Tisch. Mittags helfe ich beim Austragen der Essen und verdiene mein erstes richtiges Geld, weil ich von vielen Gästen Trinkgeld bekomme. Ich zapfe auch schon Bier und lerne, welchen Wein man zur Weinschorle nimmt und wie viel „ein Doppelter" ist.

Die unangenehmste Arbeit wartet nach dem Mittagessen, wenn alle Gäste zufrieden in den Nachmittag gehen, um die Sehenswürdigkeiten rund herum zu besichtigen oder einen Ausflug in die nahen Berge zu machen. Das Essen wird auf schweren Platten mit Dreiereinteilung für Salat, Kartoffeln und Fleisch serviert. Diese müssen jetzt gespült und abgetrocknet werden. Türmeweise stapeln sich die Platten auf dem Tisch neben dem Spülstein. Spülmaschine gibt es keine. Aber selbst dieser Abwasch hat noch etwas Lustiges, wenn die Wirtin ihre G'schichterl erzählt und so die Arbeit rasch von der Hand geht.

Jetzt habe ich ein paar Stunden frei und kann Zeit mit den Bauerskindern verbringen. Wir spielen Verstecken auf dem Heuboden oder „Fanger-Mandel" im Hof, streicheln die Kälbchen oder besuchen die Pferde auf der Weide und füttern sie mit gelben Rüben.

Trotz dieser vielen Arbeit eine heile Kinderwelt.

Die Gon ist eine herzensgute Frau. Sie ist die „Gutheit in Person" sagt man im Dorf. Nur, dass sie gar nicht so aussieht. Nein, sie sieht in Wirklichkeit furchterregend aus. Sie hat einen schleppenden Gang, keucht nach Luft und ist einfach riesig. Alles ist groß an ihr. Die Füße, die Hände und alles. Sie hat Elephantiasis, eine schreckliche Krankheit, bei der durch Lymphstau Körperteile unnatürlich anschwellen. Sie muss sich selbst Schuhe nähen, weil es in ihrer Größe keine zu kaufen gibt. Ihr Kopf ist deformiert und jeder, der sie das erste Mal sieht, erschreckt sich zu Tode. Aber wie gesagt, sie ist herzensgut. Und sie trägt ihre Krankheit mit all den damit verbundenen Unannehmlichkeiten mit einer unvorstellbaren Ruhe. Sie hat sogar das Vermögen, anderen Menschen Trost zu spenden, wenn diese sich bei ihr Rat holen. Ihr unerschütterlicher Glaube gibt ihr diese Kraft. Ich wohne bei der Gon, wenn ich in den Ferien da bin. Die Fremdenzimmer werden alle gebraucht, und die Gon hat Platz für mich. Sie lebt in einer kleinen Wohnung im Anbau des großen Bauernhauses. Ich werde von den Hausgästen gefragt, ob ich mich denn nicht fürchte, bei dieser Frau zu wohnen und praktisch Tür an Tür bei ihr zu schlafen. Aber ich habe keine Angst, im Gegenteil. Ich spüre ihre Wärme und Güte und finde es schön, dass sie sich so freut, wenn ich bei ihr wohne.

In den folgenden Jahren werde ich dann während der Ferien richtig als Bedienung eingesetzt und habe Spaß an meinem „ersten Beruf". Die Gäste mögen mich, ich bin kommunikativ und flink.

Der Wirt mag mich auch! Und er besucht mich auf meinem Zimmer. Ich habe Angst, ihn zu massiv abzuwehren, weil ich fürchte, dass ich dann nicht mehr hierher kommen darf. Ich rede mich um Kopf und Kragen und schaffe es, ihn zu überzeugen, dass ich als Freundin der Wirtin diese unmöglich betrügen kann. Der Wirt bleibt mir gewogen, was ich immer wieder mal wortreich in die richtigen Schranken lenken muss. Aber es funktioniert und wird für mich zum Spiel, das ich sicher gewinne. Und ich erkenne auch, welche Wirkung von mir, als werdende Frau, ausgeht.

Die erste Jugendliebe auf dem Bauernhof

Viele Feriengäste kamen jedes Jahr wieder. Es entstand so manche Freundschaft, die jedes Jahr aufgefrischt wurde. So auch zwei Ladys, die jedes Mal als Schwestern durchgingen. Sie hatten sich hier auf dem Bauernhof kennen gelernt und waren sich so sympathisch, dass sie sich ab da jedes Jahr für zwei Sommerwochen hier auf dem Hof trafen. Beide hatten platinblondes Haar, welches sie zu einer ehrfurchtsgebietenden Hochfrisur auftürmten. Sie waren das „G'schau" des ganzen Dorfes. Jeder Mann blickte sehnsuchtsvoll hinter den Schönen her, manch einer pfiff auch anerkennend und sie genossen sichtlich die Verehrung. Und wie weit die Ladys das Sprichwort „auf der Alm gibt's koa Sünd" etwas abgeändert und auf den Bauernhof übertragen haben, mag ich nicht weiter erörtern.

Auch so manche zarte Jugendliebe entstand hier zwischen der Dorfjugend und den Feriengästen. Die Familie König aus Rheinland-Pfalz kam ebenfalls schon jahrelang in den Sommerferien auf den Hof mit ihren drei Prinzen, Frank-Simon, Hans-Peter und Horst. Und meine Freundin und Blutsschwester Mouna und ich verliebten uns unsterblich in die beiden Älteren. Mouna in Hans-Peter und ich in Frank-Simon. Gott sei Dank wurden unsere heftigen Gefühle von den Buben erwidert. In den Augen der Erwachsenen eine harmlose Schwärmerei, die uns jung Verliebten jedoch das Herz zerriss, wenn wir an den Abschied dachten und an die unüberwindbare Entfernung.

Jede freie Minute verbrachten wir zusammen. Mouna und ihr Prinz knutschten im Heu. Mein Auserwählter war noch nicht so weit. Er war mit seinen 16 Lenzen noch scheu und zurückhaltend. Ich hingegen mit meinen 15 Jahren hätte zu gerne ebenfalls im Heu gekuschelt, was ich mir dann auch jede Nacht in meinen Träumen vorstellte. Dafür hielt unsere Liebe noch über ein Jahr und Mouna dagegen vergaß Ihren Hans-Peter so schnell, wie er abgereist war. Ich nahm schon immer alles etwas schwerer und so litt ich wochenlang unter der Trennung. Wir schrieben uns glühende Liebesbriefe. Auf die Entfernung war mein Frank-Simon gar nicht schüchtern. Er sendete mir feurige Küsse und innigste Umarmungen und ich schmolz dahin. Er schrieb mir so viele Briefe, dass ich sie in 5er Päckchen mit roten Schleifen bündelte.

Seine Mutter, die Königsmutter, wie sie von allen liebevoll genannt wurde, ließ auch ab und an einen Gruß an mich ausrichten. Sie hätte so gerne ein Mädchen gehabt und sah mich schon als ihre zukünftige Schwiegertochter und lud mich auch ein, sie in Idar-Oberstein zu besuchen. Wie klopfte mein Herz auf der Bahnfahrt. Es war fast nicht auszuhalten, wie sehr ich mich nach meinem Frank-Simon sehnte. Die ganze Königsfamilie, außer Horst, der sich noch für Autos und nicht für Mädchen interessierte, holte mich am Bahnhof ab. Die Wiedersehensfreude war groß. Die Königsmutter drückte mich innig an ihren mütterlichen Busen, der Vater König umarmte mich ebenso herzlich, wobei ich zu bemerken glaubte, dass er nicht mehr das Kind in mir sah. Frank-Simon war wieder schüchtern und zurückhaltend. Er umarmte mich flüchtig und wusste nicht, wohin er schauen sollte. Nun, in der Aufregung ging das unter und wir stiegen ins Auto, um zur Königsfamilie nach Hause zu fahren. Mein Angebeteter und ich saßen hinten im Auto und hielten Händchen, was mir wonnige Schauer über den Rücken jagte. Das war jedoch das einzige, was er an körperlicher Nähe zulassen konnte.

Da ich mit knapp 17 von zu Hause ausgezogen war, meine Mutter hatte mich rausgeschmissen, und ein separates, kleines Zimmer im gleichen Haus bewohnte, was wieder eine ganz andere Geschichte ist, fühlte sich die Königsmutter besonders für mich verantwortlich. Sie verwöhnte mich und ich fühlte mich geliebt und geborgen wie lange nicht mehr. Am liebsten hätte sie mich gleich bei sich behalten. Aber es war klar, dass ich mein eben begonnenes Schauspielstudium nicht würde abbrechen wollen und auch meine neu erworbene Selbständigkeit und Freiheit nicht sofort wieder aufgeben wollte. Die Königinmutter ging dann in ihrer großen Fürsorge mit mir einkaufen und erstand für mich die ersten Dinge für meinen zukünftigen Haushalt. Ich war überglücklich und freute mich an den Handtüchern und Tischdecken, an dem Bettzeug und der Tagesdecke. Sie hätte mir gerne noch den ganzen Hausstand gekauft, wenn ich das alles auch hätte transportieren können. So konnte nur mit, was in zwei große Koffer passte. Diese stopfte sie aber auch bis oben hin voll und ich fühlte mich wie im Märchenland.

Frank-Simon und ich führten endlos lange Gespräche und ich bewunderte sein umfangreiches Wissen. Was ich ihm jedoch übel nahm war, dass er unbedingt nach Kanada auswandern wollte. Ich konnte mir gar nicht vorstellen, wo Kanada lag und ich wollte da auch auf keinen Fall hin. Außerdem wollte ich nicht immer nur reden und reden. Ich suchte seine Nähe. Wollte einen Kuss und eng umschlungen mit ihm auf dem Sofa sitzen. Das konnte der träumerische Junge überhaupt nicht aushalten und mir auch nicht geben. So reiste ich dann etwas enttäuscht und doch so reich beschenkt wieder heim nach Himmelreich (ein Ort vor den Toren Salzburgs), zurück in mein einsames Zimmer.

Schauspielschule

Meine Mutter und meine Großmutter waren überzeugt von meiner Schauspielkarriere. Und für mich war
es natürlich äußerst reizvoll, die Realschule vorzeitig
verlassen zu können, um das Studium der Schauspielerei
am Mozarteum in Salzburg/Walserfeld zu beginnen.

Zur Aufnahmeprüfung musste ich drei Rollen aus
verschiedenen Stücken lernen. Meine Mutter suchte sie
mit mir aus: Obligatorisch war „das Gretchen" aus dem
Faust, schön dramatisch war die „Große Schmährede an
der Stadtmauer" von Tankred Dorst und um meine ge-
sangliche Begabung zu zeigen, studierte ich einen Song
aus dem Musical „Hair" ein. Ich übte fleißig und jeder
Besuch diente als Publikum. Schnell wurde klar, ich war
für die Bühne geschaffen. Die dramatischen Rollen lagen
mir besonders. Mein Publikum war gerührt, bewegt und
aufgewühlt. Meine Mutter trainierte mich unerbittlich
und feilte an meiner Darbietung, als ob es um eine Ab-
schluss- und nicht um eine Aufnahmeprüfung ginge.

Als mein großer Tag kam, war meine Mutter furchtbar nervös. Sie hatte Lampenfieber – mehr als ich.

In die Schule am Walserfeld fuhr ich mit dem extra
dafür angeschafften Mofa. Ich fand es todschick und
fühlte mich wie eine Motorradbraut. Von Mauthausen,
wo wir wohnten, nachdem das Häusl verkauft wurde, bis
zum Walserfeld vor den Toren Salzburgs waren es zwölf

Kilometer. Die Schauspielschule war vom Salzburger Mozarteum aus der Stadt ausquartiert worden in ein großes Gebäude am Walserfeld. Dort herrschte am Prüfungstag reges Treiben. Alles redete durcheinander. Die Luft flirrte vor Aufregung. Die ganze Atmosphäre war so anders, so neu für mich. Ein riesengroßes schwarzes Brett hing gleich in der Eingangshalle. Darunter Pläne mit verschiedenen Bezeichnungen wie „Probenbühne", „Requisite" und „Ballettsaal". Das war aufregend und gleichzeitig vielversprechend und gefiel mir viel besser als mein Stundenplan an der Realschule.

Die Prüfung fand im kleinen Theatersaal im ersten Stock statt.

Mir wurde nun doch mulmig, als ich aufgerufen wurde und die Treppe nach oben stieg. Ich öffnete die Tür, sah einen langen Tisch, an dem bestimmt sieben Professoren und Dozenten vor einer kleinen Bühne saßen. Ich war dermaßen erschrocken, dass ich einen Schrei ausstieß, wieder hinauslief und die Treppe hinunter stürmte. Ich hatte Panik. Nein, das konnte ich nicht! Ich konnte aber auch nicht nach Hause, ohne die Prüfung gemacht zu haben. Ich saß gehörig in der Klemme. Da hörte ich, dass jemand meinen Namen rief. Ich solle sofort wieder hinauf kommen. Ich lief pflichtbewusst nach oben und lugte zaghaft durch die Tür in den Prüfungsraum. Dietrich Haugk winkte mich zu sich und erklärte mir meine Aufgabe: ich sollte das Ganze noch einmal spielen. So wie ich das erste Mal in den Theatersaal kam, erschrak, aufschrie und davon stürmte. Das war eine leichte Übung für mich. Ich brauchte mich nur ganz bewusst in meine Angst hineinzusteigern, die Treppe hinaufzuschleichen, die Türe genauso zaghaft zu öffnen, hinein zu schauen. Das Erschrecken vor den vielen Professoren würde ich dann nicht mehr spielen müssen, denn dieser Schreck saß mir noch spürbar in den Knochen. Und so machte ich es! Als ich mit einem spitzen Schrei hinaus stürmte, hörte ich aus dem Prüfungsraum rufen: „Aufgenommen!"

Ich war einerseits überglücklich. Andererseits trauerte ich um meine schönen Rollen, die ich so intensiv, mit viel Einsatz einstudiert hatte und von denen ich wusste, dass ich sie gut konnte.

Meine Mutter war begeistert. Sie war so überzeugt, dass ich ein großes Talent sei. Und die verrückte Geschichte meiner Aufnahmeprüfung schien ihr Recht zu geben.

Nun begann das erste Semester und ich glühte vor Aufregung. An der Schule unterrichteten Professoren und Hochschuldozenten, Schauspieler, Regisseure und Dramaturgen. Karg Bebenburg, Professor für methodisch übergreifendes Sprech- und Bewegungsprogramm, ließ mich mit vornübergebeugtem Oberkörper immer wieder einzelne Töne raumfüllend üben. Ich musste dabei meine Wirbelsäule locker schwingen lassen und die Töne sollte ich in den Flanken spüren. Eine völlig neue Erfahrung für mich und ziemlich anstrengend. Frau von Lindenwald, Dozentin für Sprechtechnik und Stimmbildung verzweifelte an meinem dunklen, bayerischen „A" und ließ mich nimmer müde die Übungsverse: „Barbara saß nah am Abhang, Abraham a Sancta Clara" laut vortragen. Verschiedene Gedichte waren Teil unseres Übungsrepertoires.

So z.B. von Christian Morgenstern:

Der Nachtwindhund weint wie ein Kind,
Dieweil sein Fell von Regen rinnt.
Jetzt jagt er wild das Neumondweib,
Das hinflieht mit gebognem Leib.
Tief unten geht, ein dunkler Punkt,
Querüberfeld ein Forstadjunkt (ein Waldabeiter).

Und von Joachim Ringelnatz:

Ein ganz kleines Reh stand am ganz kleinen Baum
still und verklärt wie im Traum.
Das war des Nachts elf Uhr zwei.
Und dann kam ich um vier
Morgens wieder vorbei.
Und da träumte noch immer das Tier.
Nun schlich ich mich leise - ich atmete kaum -
gegen den Wind an den Baum,
und gab dem Reh einen ganz kleinen Stips.
Und da war es aus Gips.

Meine zu hoch angelegte Stimme musste ich in den Bauch bringen.

Dazu musste ich mir vorstellen, wie ich Federn mit beiden Händen hoch in die Luft werfe und sie mit beiden Armen und dem Oberkörper beim Herunter schweben begleite bis zum Boden. Zusätzlich zu der Bewegung musste die Stimme von hoch oben bis tief in den Bauch gelangen.

Der „Kleine Hey" (Die Kunst des Sprechens, Studienbuch Musik) und die „Vera Balser-Eberle" (sprechtechnisches Übungsbuch) waren unsere ständigen Begleiter.

Noch anstrengender war die Bildung des Körperbewusstseins durch Dehnübungen, Falltechniken, Bodenakrobatik, Stuhlakrobatik und Bühnenfechten. Gefolgt von Ausdruckstanz, klassischem Ballett und Pantomime.

Es war ein Reigen anspruchsvoller Aufgaben, die ich jedoch gerne und mit Disziplin absolvierte. Auch wenn unser Ballettmeister Stielau-Pantolier uns einen Klaps auf den Po gab und schrie: „Kneif deinen Pudding zusammen!" Wir spürten sein Engagement, uns zu ausgezeichneten Tänzern und Tänzerinnen zu machen.

Weniger begeistert war ich von Kostümkunde und dem Studium des elisabethanischen Theaters, sowie des Bühnenbaus. Diese „Trockenübungen" brachte ich schnell und halbherzig hinter mich.

War jedoch ein Stück auf der Probebühne zu inszenieren, war ich Feuer und Flamme. Ich bekam die Rolle der Franziska in „Minna von Barnhelm" von Ephraim Lessing. Im Fundus war hierfür ein wunderschönes Kostüm in das ich aber nicht hineinpasste. Ich wog 70 Kilo und fühlte mich damit absolut wohl. Dieses Kostüm war jedoch das Einzige, das zur Verfügung stand und so hungerte ich zwölf kg herunter, was als selbstverständliche Aufgabe seitens des Regisseurs angesehen wurde. Ich wurde auch von meiner Mutter darin bestärkt, dass diese Anforderungen absolut zum Theater gehörten. Von ihr kannte ich auch den Spruch, dass ein Schauspieler nur eine Ausrede hat, nicht auf der Bühne zum Stichwort zu erscheinen: er ist tot!

Meine Bühnenangst war beträchtlich. Spielte ich mit Inbrunst während der Proben ohne jegliche Bedenken, so war ich krank vor Angst, wenn es um eine Aufführung vor Publikum ging.

Einmal spielte ich die Hebamme von Till Uhlenspiegel, der Urfassung von Till Eulenspiegel. Mein erster Satz lautete: „Es hat eine Glückshaube!". Mein Stichwort war gefallen, ich musste raus auf die Bühne. Ich wusste aber meinen Satz nicht mehr und außerdem hatte ich Lähmungserscheinungen vor Angst. Beherzt langte eine Studienkollegin zu und gab mir eine Ohrfeige. So stolperte ich auf die Bühne und rief: „Es hat eine Glücksbacke!". Es merkte wohl niemand im Publikum und wenn doch, waren die Zuschauer gnädig und ließen sich nichts anmerken.

Einmal spielten wir am Grabentheater in Wien. Die Einstudierung war unter anderem durch den berühmten Mimen Samy Molcho. Ein großartiges Erlebnis, mit diesem Meister der Pantomime arbeiten zu dürfen. Ich lernte Dagmar Koller kennen, die zu dieser Zeit ebenfalls in Wien an der Burg gastierte. Und viele wunderbare Menschen der Bühne, der Musik und der Regie. Auch die große Heidelinde Weis konnte ich erleben und von allen habe ich viel gelernt. Eine großartige Zeit. Aufregend, hart, arbeitsreich, schillernd und voller Überraschungen.

Was ich nie gelernt habe in dieser Zeit ist, mich selbst zu vermarkten. Spielten wir auf unserer Probenbühne in der Schule am Walserfeld, waren auch Regisseure da, die sich die Nachwuchsspieler anschauten. Meine Kommilitonen waren jeweils gut präpariert mit Setcards und Portraitmappen, die sie den Regisseuren vor Beginn des Stücks überreichten.

Ich dachte für mich, wenn mich einer gut findet, wird er schon auf mich zukommen. Welch ein Trugschluss!

Meine Bühnenangst wuchs sich aus zu einer schier unbezwingbaren Angst. Vor jedem öffentlich gespielten Stück bekam ich Panikattacken, und ich wusste nicht, wie ich diese in den Griff bekommen sollte. Alle Tipps von meinen Lehrern und Vorbildern funktionierten bei mir nicht. Und so gab ich nach fünf Semestern Schauspielschule auf und hing meinen noch nicht einmal wirklich ausgeübten Beruf an den Nagel.

Der Rausschmiss

Meine Mutter und ich hatten es nach dem Auszug meines Vaters schwer miteinander. Meine Eltern ließen sich scheiden, was selbst für mich eine Erleichterung darstellte, denn die Stimmung war ständig gedrückt und obwohl mein Vater nur noch die Wochenenden nach Hause kam, nachdem er in München arbeitete, war kein harmonisches Miteinander meiner Eltern mehr möglich. Die Krise begann, als unser Häusl verkauft wurde. Wie hatten nicht so viel Geld, um es selbst zu kaufen und wir mussten ausziehen, was besonders für meinen Vater und mich eine Katastrophe war. Für uns war es die Vertreibung aus dem Paradies. Der Umzug nach Mauthausen, vor den Toren Bad Reichenhalls, war von düsterer Stimmung begleitet. Ich bekam zwar ein eigenes Zimmer, aber die Sehnsucht nach dem Häusl blieb und der Verlust meines Baumhauses schmerzte mich tief.

Ich war seit meiner Pubertät rebellisch und nicht leicht zu führen, und meine Mutter war nervös, ständig krank und mit mir überfordert. Sie zog mit mir nach Himmelreich, vor die Tore Salzburgs, von wo ich mit dem Fahrrad in meine Schauspielschule fahren konnte. Wegen der Enge der Wohnung bekam ich mein Zimmer in der Wohnküche zugewiesen. Und es begann ein nervenzerreißendes Schauspiel, wenn ich die Tür von innen verschloss und meine Mutter nicht in die Küche ließ. Ich schrie: „Das ist mein Zimmer und ich brauche auch meine Intimsphäre!" Und meine Mutter tobte vor der Küchentür: „Bist du komplett übergeschnappt? Lass mich sofort in die Küche!" Und sollte ich wieder einmal, in meinen Augen natürlich völlig ungerechterweise, die ganze Wohnung putzen, schmiss ich ihr den Putzlumpen vor die Füße und heulte theatralisch: „Ich bin Künstlerin und keine Putzfrau!" Es war schrecklich. Ja, es wurde unerträglich.

Eines Tages war meine Mutter so entnervt, dass sie mir an den Kopf warf: „Ich werde dir nichts in den Weg legen, wenn du gehen willst!". Ich wertete das sofort als Rausschmiss, stolz wie ich war. Ich fragte die Vermieterin unserer Wohnung, ob ich das kleine Zimmer haben könne, das sie ab und zu vermietete. Ich lieh mir sogar Bettwäsche von ihr, denn ich hätte in dieser Situation meine Mutter bestimmt um nichts gebeten. Sicher nicht! So war ich bereits mit 17 auf mich selbst gestellt, lebte zwar im gleichen Haus wie meine Mutter, war aber bedacht darauf, keinerlei Kontakt zu ihr zu haben. Mit meinen diversen Jobs als Bedienung zahlte ich die Miete und hielt mich über Wasser.

Als ich ein Jahr später, ich wohnte inzwischen in Bad Reichenhall, meine Mutter besuchte und einlenken wollte, war sie absolut noch nicht bereit, sich mit mir wieder zu versöhnen. Sie deutete auf meine Ohren und sagte scharf: „Ach da sind meine Ohrringe, da kann ich ja lange suchen, wenn sich Fräulein Tochter daran bedient hat!" „Na, das kannst du haben", dachte ich, riss mir die Ohrringe herunter, schmiss sie in den Gang und knallte die Tür zu.

Wir sollten uns fast zehn Jahre nicht mehr sehen, bis ich ihr meinen Mann Sepp vorstellen und ihr von ihrem Enkel Daniel erzählen wollte, sie anrief und wir uns endlich aussprachen und versöhnten. Das Baby, ihr kleiner, süßer Enkel, trug sicher dazu bei, dass wir uns ab da häufiger sahen.

Wir hatten uns immer geliebt, glaube ich heute, nur die Umstände waren zu schwierig, um mit unser beider Temperament und unser beider Hang zur Theatralik miteinander klar zu kommen.

Hungermoppel

Ich habe (gefühlt) alle Diäten dieser Welt ausprobiert.

Während der Zeit des Besuchs der Schauspielschule wog ich 70 Kilo und war damit glücklich. Nur für die Rolle der Franziska in Minna von Barnhelm musste ich mich in das Kostüm hungern. Das Kleid war aber auch ein Traum! Nun hätte man meinen können, dass ich nach Abspielen des Stückes den neuen Status meiner schlanken Figur weiter genossen hätte. Aber nein, mit Lust und Begeisterung futterte ich mir die abgehungerten Pfunde wieder drauf. Nun, da mich Kommilitonen und Lehrer einmal schlank gesehen hatten, gab es ein ständiges Gefrotzel und Drängeln, ich solle doch wieder abnehmen. Damit gliederte ich mich in die Schar der unermüdlichen Diätjünger ein.

Hatte ich mit Elan und Leichtigkeit das erste Mal geschafft, mich in vier Wochen in das Traum-Kostüm zu hungern, fühlte ich mich jetzt müde und abgeschlagen, frustriert und genervt. Ich landete in dem „ewigen" Kreislauf von Ab- und wieder Zunehmen und der Euphorie beim Start einer neuen Super-Diät und der Erkenntnis, es wieder einmal nicht durchgehalten zu haben. So hungerte ich mich nach und nach auf über 80 Kilo hinauf und war nun wirklich todunglücklich.

Die neue Eierdiät, fünf hartgekochte Eier über den Tag verteilt, machte zwar satt, war aber auf Dauer einfach nicht durchzuhalten. Den nächsten Anlauf nahm ich mit der sagenumwobenen Atkins-Diät, bei der Eiweiß in jeglicher Form aber keinerlei Kohlehydrate erlaubt sind. Herrlich! Ich konnte Eier, Schinken, Wurst, Fisch und Fleisch essen, soviel ich wollte. Ein „Sandwich" bestand aus Salatblättern und fettem Schinken und Käse. Nur der Heißhunger auf Brot, Kartoffeln und Nudeln blieb nicht aus. So absolvierte ich die verrücktesten Diäten, wie die Nudeldiät, die Weißweindiät und die weitaus unangenehmste Diät, die nur in der kalten Jahreszeit möglich ist, bei der man durch Frieren Kalorien verbraucht. Ich hatte einigen Erfolg mit der Hollywood-Diät, die wohl auch am gesündesten sein dürfte, weil hier hauptsächlich bestimmte Früchte gegessen werden, wie enzymreiche Papaya und Mangos. Aber auch da war der Jojo-Effekt garantiert. Durch die reduzierte Kalorienzufuhr schaltete mein Körper um auf „Sparmodus", weil er befürchtete, sich in Notzeiten zu befinden.

Ich hungerte insgesamt bestimmt an die 100 Kilo herunter. Die Waage zeigte fantastische 55 Kilo bis furchterregende 85 Kilo. Irgendwann gab ich frustriert auf, pendelte mich um die 75 Kilo ein und nahm dies als schicksalsgegeben hin. Als ich allerdings beim Einkaufen auf meine Nachfrage hin, wo denn die Kleider hingen, in die Schwangerschafts-Abteilung geschickt wurde, entschied ich, doch etwas zu unternehmen. Aber ich wollte nicht wieder irgendeine obskure Diät beginnen, die von vorneherein zum Scheitern verurteilt war, wie ich ja am eigenen Leib zig-fach erlebt hatte. Ich stöberte u. a. in den Angeboten der Volkshochschule und fand die Kursausschreibung: „Psychodiät" – ein Weg zu dauerhaftem, persönlichem Wohlfühlgewicht, nach L. und L. Pearson. Psycho klang schon mal gut. Das war anscheinend nicht wieder eine dieser „nur-dies-und-nie-das-Diäten".

Und was soll ich sagen: es war mein Durchbruch. Die Grundidee ist, zu unterscheiden zwischen „Summen" und „Winken". Signalisiert mir mein Körper durch „Summen", d. h. es fällt mir spontan ein, worauf ich Lust hätte, ein bestimmtes Nahrungsmittel, solle ich alles daran setzen, dies auch zu bekommen. Wenn ich also nachts mit Hunger auf ein Brathähnchen aufwache, solle ich am nächsten Morgen alles daran setzen, dieses auch zu bekommen. Am besten gleich zum Frühstück.

Gehe ich allerdings an einer Bäckerei vorbei und es „winken" die herrlichsten Törtchen und Teilchen, muss ich ganz schnell weitergehen, besser noch, davonrennen.

Ich lernte meinen Körper und seine Bedürfnisse besser kennen und mir fiel auf, wie ausgewogen ich mich mit der Zeit ernährte, sobald ich aß, was summte und nicht das, was winkte. Es war das Ende der Diät Ära und irgendwann dachte ich überhaupt nicht mehr über mein Gewicht nach. Ich pendelte mich um die 58 bis 60 Kilo ein (für Interessierte: bei 170 cm) und fühlte mich rund-um wohl damit.

Die erste Bude

Mit 18 beziehe ich meine erste eigene, richtige Wohnung in Bad Reichenhall in der Frühling-Straße im vierten Stock unterm Dach. Eine schnuckelige Wohnung, die ich „studentisch" einrichte mit Bücherregalen aus Brettern, die über Ziegelsteinen liegen und einer Küche, die ebenso roh zusammengezimmert ist.

Der Kleiderschrank besteht aus einer Stange, die quer unter der Schräge hängt und als Wäscheschrank dient ein altes Küchenbuffet vom Flohmarkt.

Mein riesiges Doppelbett steht unter der Schräge unterm Dachfenster und ich liebe es, nachts die Sterne zu sehen und bei Regen dem Klopfen der Tropfen auf der Scheibe zuzuhören.

Geheizt wird das Wohnzimmer (und nur das ist überhaupt heizbar) mit einem kleinen Kohleofen. Die Kohlen schleppe ich aus dem Keller fünf Stockwerke nach oben. Das Anheizen ist eine Kunst für sich. Ich helfe manchmal mit dem Föhn nach und freue mich jedes Mal, wenn es mir gelungen ist, anzuheizen und das Feuerchen richtig flackert. Ich fühle mich rundherum wohl in meiner Bude und freue mich des Lebens.

Einmal kommt mein Vater zu Besuch und wir hocken uns auf mein riesiges Bett, rund um uns herum lauter Schnapsflaschen, in denen noch Reste der verschiedensten Sorten sind. Ich bekomme diese vom Chef des

„Alpgarten" geschenkt, dem Gasthof, in dem ich zurzeit jobbe. Er mag mich sehr gerne, der Chef, und beschützt mich sogar vor frechen Gästen, indem er mir den Arm um die Schultern legt und den Gast provokant fragt: „Was wollen's von meiner Ingrid? Brauchen's nur was zu sagen, dann fliegen's gleich raus!" Er war ein wilder Typ, der Wirt vom Alpgarten, mit einem weichen Kern. Und er drängte mir nahezu die Schnapsflaschen mit den Resten auf und meinte, das tät mir gut, so ab und zu a Schnapserl!

Und nun meinte ich zu meinem Vater, dass uns so ein Schnapserl gut täte. Hätte es sicher auch, wenn es bei „einem Schnapserl" geblieben wäre. Aber wir machten eine ganze Schnaps-Probe. Jede dieser wunderbaren Sorten mussten wir probieren, als da waren Himbeergeist und Williamsbirne, Kirschwasser, Zwetschgenwasser und einfache Obstler. Dann gab's auch noch Kräuterliköre wie Jägermeister und Bärwurz, die uns dann wohl auch den Rest gegeben haben. Ich für meine Person schlief herrlich tief und fest bis zum Morgen. Mein Vater jedoch verbrachte die halbe Nacht auf der Toilette. Er brauchte bis zum Mittag, um sich zu erholen von dem hässlichen Kater. Noch heute lachen wir darüber, wenn wir uns gemeinsam daran erinnern.

Am nächsten Tag wurde ich im Treppenhaus von meiner allzeit präsenten Nachbarin in Kittelschürze auf meinen „Herrenbesuch" angesprochen. Sowas würde in diesem anständigen Haus nicht geduldet. Ich war etwas begriffsstutzig und kam erst durch Nachfragen darauf, dass sie meinen Vater meinte. Den wilden Typ mit dem Vollbart. Als ich ihr das Missverständnis lachend erklärte, meinte sie, ich solle nicht frech werden, glaubte mir kein Wort und ging, in ihren Damenbart über die verdorbene Jugend schimpfend, in ihre Wohnung.

Mein schwuler Freund Bertl, besuchte mich auch manchmal und ich hätte nicht wenig Lust gehabt, ihn meiner bigotten Nachbarin vorzustellen. Eines Tages klingelte Heinzi, der Freund meines Bertl bei mir und bat mich, reinkommen zu dürfen. Ich ließ ihn herein. Ich mochte diesen gutherzigen, liebevollen jungen Mann, mit dem Bertl nun schon zwei Jahre lang befreundet war. Er erzählte mir, dass er desertiert sei, abgehauen vom Bund, weil er diesen Drill und die menschenverachtenden Bemerkungen seiner Neigung wegen nicht mehr aushielt. Ich begriff, dass das nicht gut war. Natürlich ließ ich ihn bei mir unterkommen. Bei Bertl hätten sie ja auch zuerst nach ihm gesucht. Aber es kam, wie es kommen musste. Sie klingelten auch bei mir und fragten nach, ob Herr Heinz Kramer vielleicht bei mir sei, da ich ja seinen Freund, Herrn Bertold Schranz kenne. Ich nahm mich zusammen und schaute die Herren von der Bundeswehr gerade und offen an und meinte: „Nein, wieso sollte der bei mir sein?" Ich glaube, mir war nicht bewusst, auf welches Glatteis ich mich da begab. Jedenfalls verabschiedeten sich die Herrn Bundeswehrler mit der Bitte, sich sofort zu melden, wenn ich etwas von dem Deserteur erfuhr.

Heinzi musste unbedingt woanders hin. Er wollte nachts aufbrechen zu einem anderen Freund und ich verkleidete ihn mit einem Käppi und meiner Sonnenbrille. Es war wirklich notwendig, mitten in der Nacht durch das Treppenhaus zu schleichen, sonst hätten wir garantiert unsere allgegenwärtige Nachbarin am Hals gehabt.

Einige Zeit später erfuhr ich, dass sich Heinzi das Leben genommen hatte und ich wusste nicht, wie ich Bertl trösten sollte.

Meine Wut war unbeschreiblich. Wie konnte man nur einen so liebenswürdigen, feinen Menschen hetzen wie ein Stück Vieh? Er war schon von seinen Kameraden bis aufs Ärgste beleidigt und teilweise bedroht worden. Und keiner hatte eingegriffen. Ich fühlte eine Ohnmacht, die wehtat.

Es ist Frühling des Jahres 1973. Und erst im November dieses Jahres wurde eine umfassende Reform des Paragraphen 175 durchgeführt und nur noch sexuelle Handlungen mit Minderjährigen unter 18 werden geahndet. Für Heinzi kam diese Reform zu spät.

Zu arglos

Ich liebe meine Gäste im Alpgarten. Ich bediene mit einer Kollegin einen Saal mit 300 Sitzplätzen. Ein Gast meint, er würde mir Rollschuhe schenken, damit ich schneller durch den Saal flitzen könne.

Meine Kurgäste sind sehr kooperativ. Sie heben von weitem das Glas und signalisieren mir quer durch den Raum, dass sie nachbestellen wollen. Um halb zehn Uhr abends fange ich an, abzukassieren, damit „meine" Kurgäste rechtzeitig in die Klinik kommen. Jeder Kurgast weiß, dass er pünktlich einrücken muss, sonst bezahlt er seinen Aufenthalt aus eigener Tasche.

Eine Alleinunterhalterin singt das Kufsteinlied und begleitet sich auf der Ziehharmonika. Die Gäste tanzen und ich nutze die Zeit, die Aschenbecher zu säubern. Zu dieser Zeit qualmt fast jeder. Ob Kurgast oder nicht. Ob krank oder gesund. Irgendwie ist noch nicht ins Bewusstsein gedrungen, dass Rauchen schädlich ist. Und eine Diskussion über Passivrauchen wäre einfach undenkbar gewesen.

Vor der Pause sagt Karin, die Alleinunterhalterin: „Husch, husch!" und die Tanzfläche leert sich. Dieses „Husch, husch" klingt mir noch heute in den Ohren. Es war einfach kitschig schön und ich war wohl auch deshalb so beliebt, weil ich immer mitsang. Die singende Bedienung Ingrid wurde von allen geliebt. Von fast allen.

Einige weibliche Kurschatten sind auch eifersüchtig auf mich und geben mir mit kalten Blicken zu verstehen, dass ich mich zurückzuhalten habe.

Um 21.50 Uhr leert sich der Saal schlagartig. Nur vereinzelte Gäste und die Einheimischen am Stammtisch bleiben bis Mitternacht.

Ich setze mich zu den Einheimischen und wir unterhalten uns, lachen und trinken „a Glaserl". Mein Flocki, der rote alte Ford 12 M steht unten in Reichenhall in der Herzog-Georg-Straße, wo ich meine Großmutter besucht hatte und danach mit einer Freundin nach Bayerisch Gmain herauf gefahren war. Darum frage ich in die Runde, wer mich mitnehmen würde runter nach Reichenhall. „Kannst bei mir mitfahren", meldet sich ein Mann um die 40. Ich kenne ihn zwar nicht, da er aber am Stammtisch dabei sitzt, ist das ok für mich und ich nicke ihm zu.

Wir brechen Mitternacht nach viel Servus-Rufen auf und ich steige zu ihm in seinen Lieferwagen. Wir fahren los und plaudern belanglos vor uns hin, als ich bemerke, dass er in Richtung Thumsee abbiegt, was nicht mein Heimweg ist. Er wird auf einmal ruhig, stiert geradeaus und tritt aufs Gas. Ich habe ein mulmiges Gefühl. Ich frage ihn, was er denn wolle. Da zwinkert er mir zu und meint, er wolle ein bisschen Spaß haben. Er biegt auf einen Waldweg ein und stoppt in dieser völligen Dunkelheit den Wagen. Dann beugt er sich zu mir herüber und grapscht grob nach meiner Brust. Als ich ihn anschreie, schlägt er mir hart ins Gesicht. Er zerrt an mir und noch versuche ich, mich zu wehren. Panik ergreift mich. Ich denke fieberhaft nach. Was kann ich gegen diesen Verrückten tun? Er reißt an meiner Bluse, die mit einem unschönen Geräusch zerreißt. Er ist brutal. Er krallt sich in meinen Brüsten fest und beschimpft mich, ich solle mich nicht so anstellen. Es ist nicht so leicht für ihn, über den Schaltknüppel hinweg zu mir herüber auf den Beifahrersitz zu steigen. Die ganze Zeit hält er mich mit einer Hand in einer Art Klammergriff an der Brust. Er flucht leise, als er am Schalthebel hängen bleibt.

In diesem Moment schießt mir ein Gedanke durch den Kopf. Einen Versuch ist es wert. Ich sag zu ihm: „Jetzt wart doch mal, das kannst du auch anders haben!" Er hält kurz inne. Ich nutze die Pause seiner Attacke, um ihm liebevoll die Hand auf seinen Oberschenkel zu legen, ganz oben. Ich streife sein Geschlecht, das sich fest durch die Hose drückt. Er schaut verwundert auf. Ich erkläre ihm, dass es doch überhaupt nicht toll sei, hier im Auto so unbequemen Sex zu haben. Wir hätten es doch viel schöner bei mir in dem riesigen Bett – und male ihm so manch eine Fantasie aus, die ich mit ihm dort ausleben wolle. Er dürfe mir da alles vom Leib reißen und ich würde es ihm so richtig besorgen. Er springt an. Ich flüstere ihm noch entsprechend heiße Worte ins Ohr und greife etwas beherzter zu, was ihm sehr zu behagen scheint. Er lässt tatsächlich von mir ab und lässt sich zurück in seinen Fahrersitz fallen. Ich beuge mich zu ihm rüber. Massiere ihm mal den Nacken, mal seine harte Körpermitte. Während der zehnminütigen Fahrt nach Reichenhall, die mir vorkommt wie drei Ewigkeiten, lasse ich meine Hand auf seinem Oberschenkel liegen. Packe ab und an etwas fester zu, so dass er sich bezüglich seiner Vorfreude in Sicherheit wiegt.

Ich erkläre ihm, dass ich den Hausschlüssel im Auto hätte und wir nur dort kurz anzuhalten bräuchten.

Er biegt ein in die Kammerbotenstraße und ich erkläre ihm mit heiserer, sexy Stimme, dass er die nächste rechts in die Einbahnstraße, die Herzog-Georg-Straße fahren soll, wo mein Auto auf der linken Seite steht. Wie schön wäre es jetzt gewesen, wenn meine Großmutter heraus spaziert wäre, um mich ins Haus zu lassen. Mein Auto parkt genau vor ihrer Haustür, der Nr. 1. Er hält gegenüber an. Vor dem Arbeitsamt. Warum mir das jetzt auffällt, weiß ich nicht. Er schaut mich nun doch etwas zweifelnd an, aber ich beuge mich zu ihm, küsse ihn lüstern und greife noch einmal herzhaft bei ihm in die Vollen. Das scheint seine Zweifel zu zerstreuen. Er versäumt es nicht, mir noch einmal kräftig in die Brust zu kneifen und ich stöhne auf, so lustvoll ich das bei dem Schmerz nur hinbekomme.

Die folgenden Sekunden sind die angespanntesten meines Lebens. Das Adrenalin schießt mir spürbar durch den Körper. Ich bin hellwach und konzentriert.

Ich öffne die Beifahrertür und lasse noch immer meine Hand an ihrer strategischen Stelle und schaue ihm voll ins Gesicht. Ich forme einen Kussmund, ziehe ganz langsam meine Hand zurück und lasse mich vom Sitz rutschen ins Freie. Die Wagentür lasse ich weit offen stehen. Ich gehe ums Auto herum und werfe ihm eine Kusshand zu. Dann überquere ich langsam die Straße, immer wieder zu ihm umblickend, ihn anlächelnd. Mit fliegenden Händen stecke ich den Autoschlüssel ins Schloss, sperre auf und beuge mich erst einmal hinein, so als würde ich meinen Hausschlüssel aus dem Handschuhfach nehmen. Dann geht alles ganz schnell. Ich lasse mich auf den Fahrersitz fallen, stecke mit zitternder Hand den Schlüssel ins Zündschloss, ziehe die Fahrertür zu und drücke fieberhaft das Knöpfchen, um die Tür zu versperren und starte. Ich trete das Gaspedal voll durch, während ich rückwärts aus der Parklücke fahre. Ich sehe im Rückspiegel, wie der Gelinkte aus dem Auto steigt und zur Seite springt, als ich wie eine Wahnsinnige zurück fahre. Dann reiße ich das Lenkrad herum und rase entgegen der Einbahnstraße auf die Kammerbotenstraße und weiter in Richtung neue Saline und Kasernen.

Ich fahre so schnell mein alter, klappriger Flocki kann in Richtung Bundesstraße. Langsam beruhige ich mich. Allerdings nur für Sekunden. Denn im Rückspiegel sehe ich den Lieferwagen. Er hat die Verfolgung aufgenommen. Er muss so wütend sein. Das kann ich mir gut vorstellen. So rase ich weiter auf die Bundesstraße in

Richtung Salzburg. An der Grenze Walserberg bin ich ja seit Jahren bekannt und der Grenzer winkt mich nur schläfrig durch.

Warum bin ich damals nicht aus dem Auto gesprungen und habe mich dem Grenzer offenbart? Ich weiß es nicht. Ich war so verstört, so in Panik, dass ich weiterfuhr in Richtung Salzburg, meiner zweiten Heimat.

Ich fahre über jede rote Ampel, verkehrt durch jede Einbahnstraße und bete, dass mich eine Polizeistreife aufhalten möge. Ich fahre jedoch unbehelligt weiter Richtung Grenze Freilassing. Der Verfolger ist nicht mehr zu sehen. An der Grenze werde ich gebeten auszusteigen. Hier kennt man mich nicht. Der Grenzbeamte führt mich in das Gebäude und fragt mich, was mir denn passiert sei. Dann erst bemerke ich, wie ich aussehe: die Bluse hängt in Fetzen an mir herunter und meine Brust ist übersät mit schmerzenden, blutunterlaufenen Flecken. Meine Wange fühlt sich geschwollen an und glüht. Die Haare hängen mir wirr ins Gesicht. Ich versuche stammelnd zu berichten. Kann dann auf einmal nicht mehr stehen. Ich bekomme einen Stuhl untergeschoben und ich fange an, am ganzen Leib zu zittern. Jetzt erst hängt mir jemand eine viel zu große Uniformjacke über die Schultern und ich kann meine Blöße bedecken. Ich bemerke erst jetzt, wie fertig ich bin.

Nachdem alles aufgenommen wurde, ich heißen Tee zu trinken bekommen habe und mich einigermaßen beruhigt habe, fahren mich zwei Beamte nach Hause. Gott sei Dank hatte ich dem Wahnsinnigen nicht meine Adresse genannt. Die Beamten bringen mich die vier Stockwerke nach oben in meine Wohnung. Die nächsten Tage sollte ich mein Auto abholen kommen, nochmal alles detailliert zu Protokoll geben und eine Anzeige machen. Und am besten das Auto die nächsten Wochen nicht vor meiner Hausnummer abstellen.

Ich sperre meine Tür zweimal ab und hocke mich erst mal auf den Boden, den Kopf gegen die Wand gelehnt. Ich versuche, meine Gedanken zu ordnen. War mir das gerade alles wirklich passiert oder erwachte ich jeden Moment aus einem wüsten Alptraum? Wer war dieser Vergewaltiger, woher kam er? Kannte den jemand? Er saß doch mit am Stammtisch? Ich bin todmüde und gleichzeitig wie gedopt. An Schlaf ist im Moment nicht zu denken. Ich raffe mich auf und ziehe mir die Fetzen aus. Ich stopfe alles in eine Plastiktüte. Dann wasche ich mich ausgiebig mit kaltem Wasser. Es gibt kein warmes Wasser, das müsste ich erst mit dem Badeofen aufheizen und dazu habe ich jetzt keinen Nerv. Fröstelnd steige ich in meinen Schlafanzug.

Ich koche mir Milch mit Honig. Ein tröstendes Getränk, das mir beim Einschlafen hilft. Gierig schlürfe ich die süße, heiße Milch und endlich kommen die Tränen. Ich lege mich aufs Bett, ziehe die Decke fest um mich und schluchze und weine haltlos. Irgendwann musste ich doch eingeschlafen sein. Ich erwache mit einer Art Muskelkater. Die Brüste schmerzen und die eine Wange glüht immer noch. Ich würde ihn finden, den Vergewaltiger, den Verbrecher, den Schuft.

Das Tor zur Welt

Wie komme ich nur auf diese wahnsinnig blöde Idee nach Lübeck zu ziehen?

Ich bin 19 Jahre alt. Ich bin umgezogen nach Bayerisch Gmain, als mich die Vermieter meiner Wohnung auf Drängen der bigotten Nachbarin, der ich von Anfang an ein Dorn im Auge war, gekündigt haben.

Die Villa Tanneck, in der ich zwei Zimmer bewohne, ist eine uralte Villa inmitten eines wilden Gartens mit vielen Tannen. Die Besitzer sind ganz moderne, offene Menschen und haben ihre Villa zur „RiesenWG" umfunktioniert. In jedem Stock wohnen ein paar junge Leute zusammen, teilen sich unten im Parterre eine weitläufige Küche, die mit verschiedensten Möbeln, die vom Sperrmüll zu kommen scheinen oder wirklich daher kommen, ausgestattet ist. Ein Sammelsurium aus alt und neu, aus antik und Schleiflack. Mir gefällt das. In der Mitte steht ein großer einfacher Holztisch und drum herum eine Menge unterschiedlicher Stühle. Dort trifft man sich zum Essen, wenn es nicht warm genug ist, um draußen zu essen. Im Garten zusammen zu sitzen ist natürlich noch schöner. Wir stellen die Tischtennisplatte auf, breiten ein großes Leintuch darüber und jeder bringt irgendetwas Essbares mit. Eine bunte Mischung aus Studentenfrühstück (Cornflakes), Lunch und Candlelight-Dinner.

Ich arbeite gleich gegenüber im Hotel Kutsche, einem Mittelklassehotel, dessen Besitzerin glaubt, ein 5-Sterne-Etablissement zu regieren. Sie möchte unbedingt, dass die Servietten so steif und perfekt gefaltet sind, wie in einem feudalen Hotel und wir Bedienungen müssen das Silber, das sicher nicht aus diesem Edelmetall besteht, jeden Tag blank polieren. So bediene ich auch an einem Ostersonntag. Es gibt Hirschbraten und zu viele Gäste. Es geht zu wie in einer Kaschemme. Jeder Hauch von Eleganz ist verflogen. Es ist ein Drängeln, Rufen nach der Bedienung und ein Lamentieren, warum alles so lange dauert. Ich bin komplett überfordert. Ich nehme die Speisen auf, gebe die Bestellung in die Küche und versuche den Gästen auch etwas zu trinken zu besorgen, bevor sie ganz erbost oder verdurstet sind. Ich habe einen Hirschbraten übrig. Niemand hat den bestellt. Ich kann den unmöglich in die Küche zurückbringen. Das gäbe Ärger vom Feinsten. Also gehe ich zu einem neu angekommenen Gast und flüstere ihm ins Ohr, dass ich genau auf ihn gewartet habe, er von mir sofort und jetzt gleich auf der Stelle einen fantastischen Hirschbraten zum Preis eines Schnitzels bekäme und er so was Feines sicher noch nie gegessen hätte. Ich weiß nicht, was den netten Herrn bewog, mir entgegenzukommen und quasi pflichtbewusst den Hirschbraten zu verzehren. War er so hungrig? Oder nahm er einfach die Gelegenheit beim Schopfe? Ich weiß es nicht und es war auch keine Zeit, darüber nachzudenken.

Ich tue mein Bestes und eile von der Küche zum Ausschank, von dort zu den Tischen, um die Gäste einigermaßen bei Laune zu halten. Es ist ja nicht nur so, dass das Bedienungspersonal überfordert ist, in der Küche geht es ebenfalls drunter und drüber und es ist inzwischen reine Glückssache geworden, was man wann an der Essensausgabe bekommt. Als mich auch noch die Chefin auffordert, doch schneller zu machen und überhaupt die Teller eleganter zu tragen, platzt mir der Kragen. Ich ziehe meine Bedienungsschürze aus, gebe der verdutzten Hoteliersgattin meinen Bedienungsgeldbeutel und sage ihr, dass ich am nächsten Tag vorbeikäme zum Abrechnen. Es ist Meuterei! Ja, aber ich bin das Herumgeschubse leid. Sie hat mich seit Wochen auf dem Kieker. Jetzt ist Schluss. Ich gehe rüber in „meine" Villa und lasse mich aufs Bett fallen. Kurze Zeit später klopft es vehement an meiner Tür und als ich aufmache ist es jemand vom Hotel, der mich im Namen des Chefs inständig bittet, doch wieder rüberzukommen. Er hat es auch nicht leicht mit seiner Gattin, also gehe ich wieder rüber und bediene weiter die Gäste. Die Chefin ist zuckersüß zu mir während ich arbeite und kündigt mir nach Feierabend fristlos.

Bertl zieht zu mir, nachdem er jetzt wieder alleine lebt und mein Zimmernachbar ausgezogen ist. Mein wunderbarer, total schräger, schwuler Freund Bertl. Welch eine herrlich verrückte Zeit!

Er hat eine künstlerische Ader, die er an meinen Möbeln auslebt. Alles wird bemalt, beklebt, „verschönert". Manches Stück taugt allerdings eher zur Belustigung, aber ich bin selig. Ich liebe diese bunte, unkonventionelle Art zu wohnen und zu leben. Ich trage allerdings auch meinen Teil zur „Verschönerung" bei, indem ich im Bad einen grell orangen Flauschteppich verlege, à la „Flokati". Schrecklich schön! Und die Küche beklebe ich mit Plastikfliesen, weil sie so ein skurriles Muster haben. Aus heutiger Sicht einfach nur gruselig. Damals für mich das Paradies.

Das schwul sein ist in dieser Zeit noch ein Tabu und es wird nur hinter vorgehaltener Hand darüber gesprochen oder lauthals darüber hergezogen. Als Bertl und ich nach der Arbeit noch auf einen Absacker zum „Hubsi" in die „Bürgerstuben" gehen, treffen wir dort auf Conny, der Bertl schräg von der Seite anmacht: „Hey, jetzt wird es aber warm hier! Und du, Ingrid, spielst jetzt das Schwulenliebchen, was?" Hubsi, der Wirt, weist ihn in seine Schranken. Er kann es sich nicht leisten, gute Gäste zu verlieren. Und Bertl ist bei den meisten beliebt mit seinem Wiener Schmäh und seinem Repertoire an guten Witzen. Wenn er besonders gut drauf ist, der Bertl, parodiert er die Zarah Leander und die Stimmung ist ausgelassen, was den Umsatz in den Bürgerstuben für den Hubsi angenehm in die Höhe treibt.

Eines schönen Sonntagmorgens in der Villa Tanneck treffe ich auf dem Gang zum Badezimmer Conny, der aus Bertls Schlafzimmer kommt. Er reißt entsetzt die Augen auf und fragt mich nervös: „Was machst du denn hier?" Worauf ich süffisant entgegne: „Ich wohne hier, und du?" Er wird nicht fertig, mich anzuflehen, ja bitte niemandem etwas von dieser Begegnung zu sagen und ich lasse ihn etwas in Ungewissheit schmoren. Das hatte er verdient!

Ja, und warum ich dieses Paradies nach so kurzer Zeit verlasse, frage ich mich heute noch. Allerdings kann ich dieses persönliche Muster in der Rückschau bei mir erkennen: wenn es wirklich schön, gemütlich, angenehm oder sogar paradiesisch für mich war, bin ich aufgebrochen und habe mich einer neuen Herausforderung gestellt. Habe ich geglaubt, es nicht zu verdienen, dass es mir gut geht, oder wollte ich einfach wachsen? Ich weiß es nicht. Sicher eine Mischung aus beidem. Denn das will ich heute noch: wachsen und mich weiterentwickeln.

Rückblickend war auch tatsächlich jede neue Herausforderung ein Puzzleteil zu meiner persönlichen Entwicklung. Nur ganz so dramatisch hätte es nicht zu sein brauchen, oder doch? Vielleicht haben mich gerade diese dramatischen, teilweise furchtbaren Erlebnisse so wachsen lassen, mich so geprägt.

Mein Aufenthalt in Lübeck war gespickt von herausfordernden Momenten und Erlebnissen.

Die Faszination der großen, weiten Welt

Nachdem ich aus der „Kutsche" rausgeflogen war, bekam ich im „Kammerer Bräu" sofort wieder einen Job. Ich war gerne Bedienung und ich kam bei den Gästen gut an. Und in dem rustikalen und bodenständigen Gasthof fühlte ich mich mehr zu Hause als in dem pseudo-eleganten Hotel mit einer Möchtegernmehrsein-Chefin.

Im „Kammerer Bräu" hatte ich auch immer wieder mal Bardienst.

Die Bar war eine Theke, an der sich abends Kurgäste auf ein Bier trafen, bevor sie pünktlich um 22.00 Uhr wieder in der Kurklinik sein mussten.

Jeder Kurgast wusste, dass er sofort die Klinik verlassen und den Kuraufenthalt selbst bezahlen musste, wenn er sich verspätete, so war es immer eine furchtbare Hektik, wenn alle um viertel vor zehn „sofort" zahlen mussten. Aber das kannte ich ja schon vom Alpgarten.

Ich mochte diesen Dienst. Ich konnte mit den Menschen sprechen, erfahren, woher sie kamen, was sie beruflich machten. Ich interessierte mich schon immer für Menschen und ihre Geschichte. Und die Kurgäste liebten diesen Austausch und die damit verbundene Aufmerksamkeit.

Ich kam mit einem Herrn aus Lübeck ins Gespräch. Er schwärmte von seiner entzückenden Stadt, der Nähe zu Hamburg, dem Hafen und überhaupt der nordischen Lebensart.

Er meinte, er könne mir einen Job besorgen in einem sehr eleganten und exklusiven Nachtclub, direkt in der City von Lübeck.

Ab da ging mir dieses Angebot nicht mehr aus dem Kopf. Die „Welt erkunden", ja, das wollte ich. Und warum nicht in Lübeck, am anderen Ende Deutschlands und am Hafen, sozusagen am Tor zur weiten Welt beginnen?

Tja, und wenn sich der Dickkopf Ingrid etwas in den Kopf setzt, zieht er es durch, koste es was es wolle. Sicher eine gute Eigenschaft, an etwas dran zu bleiben. Nur besser wäre es, diese zu verbinden mit ein wenig Organisationstalent und Lust zur Vorabrecherche.

Da mir beides nicht gegeben ist, brach ich Hals über Kopf auf, packte meine Habseligkeiten in meinen klapprigen VW-Käfer, der meinen altersschwachen Flocki ersetzte, überließ meine Möbel dem „Künstler" und lieben Freund Bertl und zog los. Der Schmerz, meinen Freund einfach so zurückzulassen, der kam erst später. Dann allerdings mit voller Wucht. Ich weinte nächtelang in meine fremden, kalten Kissen und sehnte mich nach Bertl und seiner liebevoll-chaotischen Art zurück. Wir hatten zuletzt zusammen im „Kammerer Bräu" gejobbt und hatten einfach eine Menge Spaß miteinander. Unter anderem war es einfach köstlich, wie Bertl, der charmante Wiener, die älteren Damen bezirzte. Er hatte die Gabe, die Menschen zu bezaubern mit seinem Wiener Schmäh und seiner lieben, natürlichen Art. Wie gerne würde ich wieder den ganzen Weg von Bayerisch Gmain nach Bad Reichenhall abklappern, um seinen verlorenen Geldbeutel zu suchen (ich fand ihn jedes Mal!) oder ihn selbst zu suchen, weil er wegen einem seiner epileptischen Anfälle irgendwo auf dem einsamen, nächtlichen Weg lag.

Aber das ist wieder eine andere Geschichte.

Nun fuhr ich selbstbewusst und voller Entdeckerfreude meiner neuen, aufregenden Welt entgegen. Es war die erste lange Strecke, die ich allein mit meinem VWchen Lumpi bewältigte. Ich war jedoch eine sichere, in meinen jungen Jahren schon geübte Fahrerin.

Und das kam so:

Ich ging in Freilassing zur Schule und wohnte mit meinen Eltern zu dieser Zeit in Mauthausen bei Piding. Der Arbeitsweg eines Nachbarn, einem Bierausfahrer, war ebenfalls der gleiche, so nahm er mich mit in seinem alten Mercedes. Und da er morgens immer müde war, brachte er mir das Autofahren bei und ließ sich von mir, ich war um die 16 Jahre alt, kutschieren. Das Ritual war jeden Morgen das gleiche: er holte mich ab, winkte noch meiner Mutter zu, bog mit mir um die nächste Ecke und wir tauschten Plätze. Da ich ja schon mit 9 Jahren Traktor auf dem Bauernhof meiner Tante fuhr, war ich selbstsicher und fuhr wohl so gut, dass wir nie aufgehalten wurden.

So genoss ich die Fahrt nach Lübeck und malte mir in schillerndsten Farben mein neues „nordisches" Leben in der Ferne aus.

Es begann auch wirklich spannend. Ich lernte vom fürsorglichen, sympathischen Barkeeper Drinks zu mixen, mich mit den Menschen zu unterhalten (eine sehr andere Art der Unterhaltung als am Tresen in „meinem" Kammerer Bräu) und fühlte mich bald sogar relativ normal beim Anblick der Striptease-Darbietungen.

Eine dieser Unterhaltungen, mit einem älteren, sehr elegant gekleideten, gepflegten Herrn, führte zu einer für mich aufregenden Reise nach London. Er war nicht aufdringlich, sondern eher wie ein väterlicher Freund und so nahm ich seine Einladung vollkommen naiv an und freute mich wie eine Schneekönigin, dass er mich vor der Reise auch noch von Kopf bis Fuß neu einkleidete. Mein damaliger Geschmack war nicht nur beim Einrichten von Wohnungen bizarr.

Die Reise führte zuerst nach Brüssel. Wie staunte ich, als wir das Atomium besichtigten – damals waren noch keine meterlangen Schlangen vor dem Eingang. Heute besuchen über 4000 Menschen täglich dieses Ufoartige Gebäude. Ich war total überwältigt von der Aussicht über die ganze Stadt. Dieses stahlglänzende Ding, nicht Turm, nicht Haus, eben mehr an ein Ufo erinnernd, hat mich schwer beeindruckt. Und ich danke heute noch in Gedanken dem freundlichen, älteren Herrn für diese wunderschöne Reise in eine für mich so faszinierende Welt.

Weiter ging es mit der Fähre von Calais nach Dover. Das erste Mal auf einem Schiff. Eine herrliche Erfahrung, wenn mir auch leicht übel war, denn ich bin nun mal ein Kind der Berge und nicht der See.

Heute schreiben wir den 23. August 2011. Ich kam gestern erst aus London zurück. Ich absolviere gerade ein Jahrestraining von T. Harv Eker, das Quantum Leap-Jahr. Und im Rahmen dessen hatte ich gerade wieder einen Block von 5 Tagen in London. Ich reise also zurzeit ca. alle zwei Monate für eine Woche nach London und auch in andere europäische und außereuropäische Städte, wie zum Beispiel im kommenden Oktober nach Malaysia. Ich bin viel gereist und habe neben London auch Paris und Florenz, Rom und Barcelona des Öfteren besucht. Ich habe New York gesehen und Sydney, war auf Hawaii und im australischen Busch.

1974 war das allerdings noch ein unvorstellbares, beeindruckendes, unglaublich bewegendes Erlebnis für mich.

Was ich erst im Rückblick verwunderlich finde, ist, dass dieser freundliche, ältere Herr mich so selbstlos und ohne jegliche Erwartungshaltung, ohne jeglichen Annäherungsversuch mitnahm auf diese Reise und mir auch noch die Sehenswürdigkeiten auf dem Weg zeigte. War ich ein Alibi für ihn? Er stieg des Öfteren mit einem kleinen Koffer aus dem Auto, bat mich, dort auf ihn zu warten und verschwand in einem dieser typisch englischen Häuser, mit blauen Türen und putzigen Vorgärten. Dann kam er nach relativ kurzer Zeit, etwa 10 – 15 Minuten wieder mit einem anderen Koffer heraus und wir fuhren weiter. Dieses Spiel wiederholte sich ein paar Mal – aber ich dachte nicht darüber nach, sondern genoss einfach mein Glück.

Zurück in Lübeck sah ich diesen freundlichen, älteren, eleganten Herrn nie mehr.

Dann kam Silvester 1974 auf 1975. Ich freute mich auf diese Nacht mit der spektakulären Darbietung in „meinem" exklusiven Club.

Es war ein ausgelassenes Treiben. Champagnerkorken knallten schon den ganzen Abend und ich lernte das erste Mal den Unterschied kennen zwischen Heidsieck und Veuve Cliquot, zwischen Pommery und Dom Pérignon. Ich genoss die schillernde Atmosphäre, die herrlichen Roben der Damen, die eleganten Herren und den bombastischen Auftritt einer brasilianischen Truppe mit prächtigen Kostümen aus bunten Federn und gewaltigem Kopfschmuck.

Die Stimmung war prickelnd wie der Champagner, die Musik fetzig und aufheizend. Die Rauchschwaden zogen durch den Raum und die dämmrige Atmosphäre hatte etwas von Dekadenz und Lust, von Erotik und Ausgelassenheit. Ich selbst fühlte einfach eine kindliche Freude, in dieser, für mich so fremden, schillernden Welt, dabei zu sein.

Es war noch nicht Mitternacht, als mich ein wahnsinniger Schmerz in meinem rechten Bein durchzuckte. Ich fiel auf den Boden. Ein ziehender, dann wieder stechender Schmerz tobte durch mein Bein. Ich versuchte aufzustehen. Es gelang mir nicht. Ich war verzweifelt, weil ich merkte, dass ich den ganzen Ablauf störte – es war ja kurz vor dem Jahreswechsel und die Gäste wollten volle Gläser haben. Es war furchtbar, auf diese Weise plötzlich im Mittelpunkt zu stehen. Ich wurde von den gerufenen Sanitätern auf eine Trage gepackt und unter all den neugierigen Blicken hinaus in die kalte Winternacht getragen.

Abrupter hätte ein Szenenwechsel nicht sein können.

Die Nacht war klar und kalt. Die Straße menschenleer. Aus dem oberen Stock drang gedämpft die Musik, die mich vor wenigen Minuten noch selbst so berauscht hatte.

Nicht ahnend, was dieser Schmerz bedeutete, der mich bewegungsunfähig gemacht hatte, überkam mich Angst, die mich ab da noch lange begleiten sollte.

In der Klinik erwartete mich die nächste äußerst unangenehme Erfahrung. Bei der Einlieferung wurde ich nach meiner Krankenversicherung befragt und ich musste erklären, dass ich noch nicht angemeldet war und keine Versicherung hatte. Sofort wurde ich aus dem Drei-Bett-Zimmer in eines mit neun(!) Betten geschoben. Ich wurde als Sozialfall behandelt. Ein Stempel, der mich als Mensch zweiter Klasse auswies. Und das sollte ich den ganzen Aufenthalt über zu spüren bekommen.

Erst einmal wurde ich mit Schmerzmitteln schlafen gelegt und bekam die Anweisung, nicht aufzustehen, da ein Verdacht auf Thrombose bestand. Die Ungewissheit, die Ohnmacht und die fremde, abweisende Umgebung ließen mich allerdings nicht schlafen. Unruhig wälzte ich mich hin und her, erntete so manches „psssst!!" und war froh, als endlich die Nacht vorüber war. Dann begannen die Untersuchungen und ich wurde vorbereitet auf eine Phlebographie (Untersuchung der Venen mittels Kontrastmittel). Das Bein schmerzte stark, ein ganz ekelhaftes Ziehen und Stechen, und jetzt wurde auch noch das Kontrastmittel gespritzt. Ich hätte heulen können. Der Druck in meinem Bein nahm massiv zu. Ich hatte Angst, dass die Adern platzen könnten. Niemand erklärte mir, was genau geschehen würde. Noch schlimmer als der körperliche Schmerz war jedoch der seelische Schmerz darüber, dass ich so allein war. Ich fühlte mich so verlassen, fühlte mich ohnmächtig und ausgeliefert. Aber ich wollte nicht auffallen und biss die Zähne zusammen, verhielt mich ruhig und tapfer.

Diagnostiziert wurde eine Thrombose und die Therapie bestand aus der Behandlung mit Marcomar (ein Blutverdünnungsmittel) und strikter Bettruhe.

Ich wurde gefragt, ob ich jemanden hätte, der mir Nachthemden, Waschzeug und was ich sonst so brauchte, bringen würde. Ich gab einer Schwester, die für mich dort anrufen wollte, die Telefonnummern von ein paar Kollegen aus dem Nachtclub.

Sie meinte, sie habe eine Frau namens Hellgrid erreicht, die sich bereit erklärt hatte, sich darum zu kümmern. Es hat sich jedoch nie jemand bei mir gemeldet, geschweige denn, mir meine benötigten Sachen gebracht.

Dieses Verlassenheitsgefühl verstärkte meine Angst. Ich hatte niemanden, mit dem ich reden konnte. Ich wollte niemandem zur Last fallen, igelte mich ein und betete, dass ich das alles irgendwie überstehen möge.

Meinen Vater in München anzurufen und ihn um Hilfe zu bitten, wäre mir im Traum nicht eingefallen, ich wollte vor ihm nicht wie eine Versagerin dastehen und zwischen meiner Mutter und mir war Funkstille. Ich wollte „es" alleine schaffen. Alles wollte ich immer alleine schaffen. Niemals sollte jemand mich klein, schwach, hilflos sehen. Niemals wollte ich klagen, wie ich das von meiner Mutter kannte. Meine Mutter klagte und jammerte fast beständig über irgendwelche Symptome, die kein Arzt je bestätigen konnte. Diese Hypochondrie wollte ich auf keinen Fall an den Tag legen. Aber es war furchtbar, diese Einsamkeit, diese Verlassenheit zu fühlen.

Ich senkte den Altersdurchschnitt im Zimmer erheblich. Diese alten Frauen waren verschlossen und wortkarg. Irgendwie wollte niemand mit mir reden, außer dem Notwendigsten. Genauso die Schwestern. Ja, ich wurde versorgt, mit Medikamenten, Essen und bei Bedarf mit der Schüssel. Aber nicht mit aufmunternden Worten oder einem Lächeln. Ich war der Sozialfall, der schwarz in einem „Etablissement" arbeitete. Das war nicht jemand, mit dem man gerne zu tun hatte.

Ein Lichtblick für mich war eine junge Frau, die völlig abgemagert eingeliefert wurde. Sie redete mit mir. Erzählte mir von ihren furchtbaren Schmerzen, von ihrer Hoffnung, wieder gesund zu werden und von ihren Kindern und sie hörte mir zu. Ja, sie gab mir wieder ein Gefühl von „in Ordnung sein".

Ich freute mich mit ihr über ihren Besuch ihrer beiden kleinen Kinder und ihres Mannes. Ich schmiedete mit ihr Pläne. Ich freute mich, dass sie mich zu sich einlud, wenn wir hier wieder entlassen wären. Sie träumte davon, wieder zuzunehmen, wieder richtig schöne Kleider zu tragen. Als sie zur Operation rausgefahren wurde lächelte sie mir zu und hob den rechten Daumen. Ja, sie freute sich auf diese Operation. Sie setzte ihre ganze Hoffnung darauf.

Leider kam sie nach ihrer Operation nicht wieder in das gleiche Zimmer und ich heulte über diesen neuerlichen Verlust. Besuchen konnte ich sie nicht, da ich nicht aufstehen durfte. Es war einfach alles wieder so trostlos wie vorher.

Nach meiner Entlassung wollte ich sie besuchen und fragte nach ihr. Sie war nach der Operation gestorben. Ich hatte keine Telefonnummer, keine Adresse von ihrem Mann und in der Klinik durfte man sie mir auch nicht geben.

Ich muss im Rückblick fassungslos erkennen, dass mich eine totkranke Frau getröstet hat. Sie, die sicher am meisten Trost bedurfte, hat sich meiner angenommen.

Nach meiner Entlassung ging ich zu meinem Chef im Nachtclub, um mit ihm über eine Festanstellung, die er mir im Vorfeld versprochen hatte, zu reden.

Aber er wollte mich nicht einmal mehr als Jobberin haben. Aus, fertig, Schluss, vorbei! Kein Zurück in diese schöne, schillernde, elegante Welt.

Und da saß ich nun, in meiner hübschen, möblierten Wohnung in Bad Schwartau, ohne Job und ohne Rücklagen. Die Miete von 500,-- DM würde ich nicht mehr bezahlen können. Ich bemühte mich verzweifelt um Arbeit, rief die verschiedensten Annoncen durch, bekam jedoch nichts als Absagen. Mein mentaler und gesundheitlicher Zustand waren auch geradezu katastrophal. Ich hätte mich auch nicht eingestellt. Ich verkaufte mein VWchen Lumpi für die nächste Miete. Es tat weh! Es war wie ein Verrat an meinem Freund, der mich so sicher überall hin brachte. Ich versank in tiefer Depression und verbrachte die meiste Zeit zusammen- gekauert in meinem Sessel. Ich kannte diese Depressionen seit meinem 17. Lebensjahr. Ich wurde daheim medikamentös und psychotherapeutisch behandelt. Aber hier hatte ich keinen Therapeuten. Hier hatte ich nicht einmal eine Freundin, mit der ich mal reden hätte können.

Vor dem nächsten Ersten zog ich aus. Das war für mich die natürliche Konsequenz, da ich die Miete nicht mehr bezahlen konnte. Ich packte meine paar Habseligkeiten in meinen Koffer, sperrte ihn in ein Schließfach am Lübecker Bahnhof und da saß ich nun in der Bahnhofshalle. Ich saß da auch noch, als es schon dunkel wurde. Ich saß da auch noch, als es schon wieder hell wurde. Und ich saß da und begriff langsam, wie man diesen Umstand nannte: obdachlos! Ich hatte kein Dach mehr über dem Kopf! Nur das des Lübecker Bahnhofs. Das teilte ich mit mehr oder weniger obskuren Gestalten.

Anfangs sperrte ich jeden Morgen mein Schließfach auf, um meine Waschutensilien herauszuholen und mich in der Bahnhofs-Toilette zu waschen, aber irgendwann gab ich auch das auf. Ich klaute am Früchtestand Obst und konnte mich nicht aufraffen, meinen Vater anzurufen und um Hilfe zu bitten. Ich musste da irgendwie alleine wieder herauskommen. Ich rief immer wieder Annoncen an, die verschiedene Jobs anboten. Unter anderem wurde ein Job als Oben-ohne-Bedienung angeboten. Allen Ernstes überlegte ich, ob ich das machen könnte. Aber abgesehen von meiner kleinen Oberweite, so weit war ich doch noch nicht. Nacktheit ist für mich nichts beschämendes, aber mich zu produzieren auf so eine Art ist etwas anderes. Nein, meine Würde hatte ich noch und die wollte ich auch bewahren.

Einmal allerdings saß ich alles andere als würdevoll auf der Brücke in der Nähe des Holstentor Platzes. Ich weinte und schluchzte und konnte gar nicht mehr aufhören. Denn auf dem Restaurantschiff, das dort immer vor Anker lag und unter anderem eine Diskothek beherbergte, las ich die Ankündigung der Band „Turhan Eteke". Und diese Band hatte auch in Bad Reichenhall gespielt und ich kannte den Bandleader gut. Das löste in mir solch ein Heimweh aus, solch einen Schmerz über meine unmögliche Situation und eine ganz große Scham. Niemals hätte ich mich, trotz meiner Sehnsucht nach einem Gespräch mit Turhan, in meinem Zustand unter seine Augen gewagt.

Ich war wirklich in einem desolaten Zustand. Der Rücken tat mir weh. Die Angstattacken wurden immer schlimmer. Das Alleinsein schmerzte. Mein Mantel wurde von Tag zu Tag dreckiger. Ich fühlte mich wie der Abschaum der Gesellschaft. Ich hatte inzwischen auch einige der Langzeitobdachlosen kennen gelernt. Eigentlich nette Menschen, die aus den unterschiedlichsten Gründen hier gelandet waren. Manche von ihnen hatten noch einen wachen Geist, manche waren schon völlig abgestumpft und die meisten tranken jeden Tag Mengen billigen Fusels, der sie noch mehr benebelte. Ich hielt mich zurück mit dem Trinken. Ich trank nur ein paar Schlucke von dem angebotenen Wein, um die Menschen nicht zurückzuweisen und um dazuzugehören. Ich wollte auf keinen Fall auch noch zur Alkoholikerin werden. Ja, ich gehörte jetzt dazu. Damals war das für mich ein rettender Anker. Der Mensch muss wohl irgendwo dazu gehören, um nicht ganz und gar an der Einsamkeit zu verzweifeln. Heute läuft mir eine Gänsehaut über den Rücken, wenn ich daran denke.

Ich gehörte so dazu, dass mich einer von ihnen ansprach und meinte, ich könne mit ihm mitkommen, seine Schwester, die in Urlaub gefahren sei, habe ihm den Schlüssel zu ihrem Haus gegeben und da könnten wir eine Zeitlang übernachten. Das klang einfach zu gut. Wie naiv ich doch war! Ich ging mit. Er erzählte mir seine Geschichte, dass er eigentlich gar nicht hierher gehöre und nur kurzfristig einen Engpass habe. Dass er bald wieder Arbeit bekäme und sowieso zu Größerem berufen sei. Und ich nahm einfach dankbar die Worte auf, die an mich gerichtet waren, die mir zeigten, dass es mich noch gab und dass sich jemand mit mir unterhielt. Der Weg führte uns in die Kleingartensiedlung. Lauter nette Gartenhäuschen standen da verstreut, mit kleinen, umzäunten Gärten, mit kahlen Obstbäumen und abgeräumten Gemüsebeeten, mit kleinen Seerosen-Teichen und gemauerten Brunnen. Jetzt alles auf den Frühling harrend und irgendwie anheimelnd und Trost spendend. Ich war so hungrig nach Geborgenheit, sehnte mich so sehr nach Normalität, dass diese etwas kitschige Szenerie mich erfreute. Sogar die Gartenzwerge, die in manchen Gärten kleine Grüppchen bildeten, hatten etwas Tröstliches, wie auch die Märzenbecher, die schon da und dort vom nahenden Frühjahr kündeten.

Der Bruder der imaginären Schwester stieg nun über einen kleinen Zaun und hielt mir einladend die Hand hin. Ich nahm sie und ließ mir über den niedrigen Holzzaun helfen. Dann ging er auf die kleine Terrasse des wohl willkürlich ausgewählten Gartenhäuschens und suchte nach dem Schlüssel. Jedenfalls wollte ich das gerne glauben, dass dort ein Schlüssel für uns hinterlegt wäre. Kurz darauf nahm er ein Holzscheit vom sorgfältig aufgestapelten Holzstoß und schlug beherzt eine Scheibe des Fensters ein. Spätestens jetzt wusste ich es: ich war fällig! Da kam ich nicht mehr heraus! Ich überlegte fieberhaft, was ich tun könnte. Davonlaufen? Nein, dazu hatte ich gar nicht mehr die Kraft. Außerdem war es zu verlockend, eine Nacht in einem „eigenen Haus" zu verbringen. Und dieser Mensch war nicht wirklich unangenehm. Er war ja auch nett zu mir. Und das war in meiner Situation schon viel. Nur war er eben ein abgerissener, schon lange auf der Straße lebender Mann, der sich immer noch etwas vormachte. Er griff vorsichtig durch die eingeschlagene Scheibe und öffnete das Fenster. Er stieg zuerst ein. Dann half er mir, ihm durch das Fenster zu folgen, denn die Tür war auch von innen nicht zu öffnen. Ein säuerlicher Geruch stand im Raum. Es war kalt. Dann dieser eigenartige Anblick: in einem Plumeau, so einem altmodischen, dicken Federbett, steckten halbverfaulte Äpfel. Sie waren wohl dort vergessen worden und hatten sich durch den Fäulnisprozess mit dem Stoff verbunden. Die Kälte konservierte dieses eigenartige Kunstwerk. Der Raum war eingerichtet wie eine Wohnküche. Ein hölzerner Tisch stand vor einem schäbigen Sofa. Ich war enttäuscht. Was hatte ich erwartet? Ein heimelig warmes Zimmer?

Jetzt war es soweit! Ich wusste, dass es so kommen musste! Der falsche Bruder zog mich am Arm zu sich heran und ließ sich rückwärts auf das Sofa fallen. Ich fiel auf ihn und war mit meinem Gesicht ganz nah an seinem. Er sagte, dass wir es uns jetzt ein bisschen gemütlich machen würden. Und ich wusste, was das hieß! Ich war ganz klar und ruhig. Überlegte fieberhaft, wie ich aus dieser unangenehmen Situation heraus käme. Ja, das könnte gehen: ich schritt zur Vorwärtsverteidigung. Ich fasste ihm in den Schritt und er stöhnte wohlig auf. Ich nestelte an seiner Hose herum und er half mir, sie zu öffnen. Ich griff ihm in die Unterhose und massierte seinen erigierten Schwanz. „Nur ruhig bleiben, Ingrid", sprach ich mir in Gedanken immer wieder zu. „It could be worse!" („Es könnte schlimmer sein!" das sagte meine Mutter immer). „Da musst du jetzt durch, sonst passiert dir Schlimmeres". Ich streichelte und knetete seinen Steifen und der sexuell Ausgehungerte stöhnte, atmete schnell und flach und kam heftig und Gott sei Dank schnell zum Orgasmus. Und er war Gentleman oder einfach müde genug, mich nicht weiter zu belästigen.

Es gab kein Wasser. Wie gerne hätte ich mich jetzt gewaschen. Ich fühlte mich beschmutzt. Es blieb mir nichts anderes übrig, als mir die Hände an einem der muffigen Handtücher, die über einer Leine über dem Herd hingen, abzuwischen. Ich war müde und leer. Tatsächlich schlief ich ein, auf dem einzigen Sofa hier, im Arm dieses ungeliebten, dreckigen Obdachlosen, der mich hierher gelotst hatte. Und ich konnte es ihm nicht einmal übel nehmen. Am nächsten Morgen gingen wir zurück zu „unserem" Bahnhof. Hier gab es nichts zu essen und zu trinken, außer der skurril in der Bettdecke steckenden, vergammelten Äpfel. Auf eine weitere „Einladung in die Gartenlaube" verzichtete ich. Aber der staubige Bruder sorgte ab jetzt für mich, indem er mir etwas von seinem Essen abgab, von dem ich nicht wusste, woher er es hatte und es auch nicht wissen wollte und mich vor Übergriffen schützte.

Auf dem Schiff

Weil ich anscheinend keine Chance habe, einen Job zu finden, überlege ich mir, auf einem Schiff anzuheuern. Eine gewagte Idee! Erstens habe ich keinerlei Ausbildung oder sonstige Qualifikationen, zweitens werde ich leicht seekrank. Aber ich denke, es wäre eine gute Kombination von „wieder ein Zuhause zu haben" und der Möglichkeit, ferne Länder zu sehen.

So mache ich mich auf den Weg zum Hafen nach Hamburg. Dorthin zu trampen ist keine große Sache. Der Hafen ist riesig. Ich weiß eigentlich gar nicht, wie ich das anstellen soll, auf einem Schiff anzuheuern. Ich laufe ein paar Mal an den Schiffen vorbei, den großen, herrlichen Dampfern mit den illustren Namen wie „Silver Whisper" und „Atlantic Cartier". Die kleineren Passagierschiffe gefallen mir fast besser. Sie wirken nicht so bedrohlich. Da gibt es die „Trave Queen" und die „Louisiana Star". Aber an wen soll ich mich denn wenden, um zu fragen, ob ich gegen Arbeit mitfahren kann? Ich laufe irgendwie planlos herum und gönne mir dann von meinen paar Kröten an einem Stehimbiss einen Hafenlümmel. Das ist ein überdimensional großes Wiener Würstchen. Hier komme ich mit ein paar Hafenarbeitern ins Gespräch. Ich traue mich nicht zu fragen, ob sie mir helfen können, auf einem Schiff anzuheuern. Mir ist nun doch das Herz in die Hose gerutscht und mein Vorhaben kommt mir auf einmal komplett verrückt und illusorisch vor. Da spricht mich ein junger, umwerfend sympathischer, braungebrannter Mann an. Er hat einen lustigen, mir fremden Akzent. Seine blonden Haare fallen ihm bis auf die Schultern. Er schaut mich offen aus strahlenden, blauen Augen an.

„Was machst du denn hier in dieser Männerwelt?" fragt er mich. Er kommt aus Schweden und arbeitet auf einem schwedischen Frachter. Ich sag ihm, dass ich auf ein Schiff und irgendwas arbeiten will. Er fragt mich, ob ich kochen kann. „Na klar doch!" antworte ich ihm, was eine blanke Lüge ist, wenn man davon absieht, dass ich Kartoffelgulasch und Spaghetti kochen kann. „Dann komm mit, ich frag den Käpt`n, wir brauchen eh 'nen Smutje. So heißt der Koch auf einem Schiff, auch ein unausgebildeter." „Na, mit unausgebildet kann ich dienen", denke ich, und dass das jetzt Schicksal ist. Da der blonde Typ vertrauenserweckend nett ist, gehe ich mit ihm mit. Wir kommen zu einem Frachter, mit schwarzen, schmierigen Planken, aber nicht ganz so wild wie in dem Abenteuerfilm „Der Seewolf" mit Raimund Harmstorf, der mir spontan einfällt. Ich steige auf die wackelige Holzleiter und jetzt wird mir schon ziemlich mulmig. Die Besatzung, lauter Männer in dreckigen, ölverschmierten Klamotten grölen ein lautes „Hallo, meen Deern", als sie mich auf das Schiff springen sehen. Ich werde dem Käpt'n vorgestellt und der brummelt irgendwas wie „solange wir im Hafen liegen" in seinen Bart. Mir wird das Schiff gezeigt. Ich steige über aufgerollte Taue, über Ketten und ölige Matten. Es riecht nach Schmiere. Ich frage, was wir geladen hätten. „Maschinen! Wir warten noch auf die Fracht. Die Maschinen sind noch nicht angeliefert worden. Deshalb liegen wir noch hier", antwortet mir ein bärtiger, muskelbepackter Typ. Jetzt zeigt mir Mats, so heißt der blonde Junge, der mich mit aufs Schiff genommen hat, die Kombüse, die Schiffsküche. Ich mache mich vertraut mit den Gerätschaften, wie verbeulten Töpfen, zentnerschweren Eisenpfannen und dem Herd, der mit Schlingerleisten bestückt ist, die bei Seegang das herunterrutschen der Töpfe verhindern sollen. Begeistert sehe ich die große Menge an Lebensmitteln, Orangen, Bananen und Kartoffeln und ich bete zu Gott, dass es mir gelingen möge, einigermaßen schmackhafte Gerichte zuzubereiten, um nicht von der Besatzung gelyncht zu werden.

Am Abend kommt die ganze Crew zusammen. Es wird klar gemacht, dass ich nur an Bord bin, solange wir im Hafen liegen und dass ich die Freundin von Mats bin und jeder andere die Finger von mir zu lassen hat. Jeder redet durcheinander und mault, dass es sowas noch nie gegeben hätte und dass ich schon mal zu jedem auf dem Schiff nett sein könnte. Mats hält sich zurück. Ich merke, dass ich mir etwas einfallen lassen muss, um die Gemüter zu besänftigen und die Männer doch für mich einzunehmen. Es geht eine Schnapsflasche herum. Einer Eingebung folgend nehme ich diese, als ich an der Reihe bin, ziehe einen meiner Stiefel aus, schütte etwas von dem

Schnaps hinein und trinke daraus und reiche den Stiefel weiter. Ein lautes Lachen und Grölen der Männer verrät mir, dass ich sie für mich gewonnen habe. Der eine oder andere Daumen geht nach oben und ab da werde ich als vollwertiges Mitglied der Crew akzeptiert.

Die Abende sind dann tatsächlich so romantisch, wie ich mir einen Aufenthalt auf einem Schiff vorgestellt hatte. Mats holt seine Gitarre aus seiner Kajüte, hockt sich an den hölzernen Tisch zu den Männern und mir und spielt und singt wunderschöne, für mich fremdartige Lieder. Er dichtet auch einige deutsche Texte und ich bin für diese Momente dankbar und glückselig.

Am nächsten Tag ist immer noch keine Ladung in Sicht. Wenn ich ehrlich bin, ich bete, dass die sich noch viel Zeit lassen mit der Lieferung. Denn inzwischen ist mir auch klar, dass ich nicht an Bord bleiben kann. Es ist einfach kein Platz für eine Frau. Auch wenn sie mich vorerst akzeptiert haben. Auf See geht's dann doch anders zu und außerdem möchte ich nicht ausprobieren, wie seekrank ich werde.

Ich habe Zeit, etwas an Land zu gehen und mich im Hafen umzusehen. Ich fühle mich großartig, weil ich weiß, wo mein Bett steht und wo ich was zu essen bekomme.

Ich schaue den Arbeitern zu, wie sie mit riesigen Kränen die Frachter beladen. Ich gehe rüber zu den

Fischverkäufern und betrachte fasziniert die Vielfalt der angebotenen Fische.

Dann gehe ich zurück zu „meinem" Schiff. Ich muss das Mittagessen zubereiten. Ich bin wichtig! Was für ein gutes Gefühl! Einer der Matrosen reicht mir die Hand, um mir über die wackelige Brücke zu helfen und reißt verstört die Augen auf. Er lässt meine Hand los und deutet unbeholfen nach unten. Ich folge seinem Blick und in diesem Augenblick weiß ich, was sein Entsetzen ausgelöst hat. Ich will vor Scham im Boden versinken. Meine Beine hinunter läuft Blut. Ich habe meine Tage bekommen. Ich verziehe mich auf die Toilette und überlege verzweifelt, was ich denn jetzt machen soll. Alles voll Blut und nichts da, was ich als Binde oder Tampon verwenden könnte. Erst mal wasche ich mich und stopfe mir Klopapier zwischen die Beine. Dann suche ich in der Küche nach etwas Brauchbarem. Ich schneide ein paar Geschirrtücher auseinander und verwende diese notdürftig als Vorlage. Ja, es ist mir noch klarer geworden, ich gehöre als Frau nicht auf einen Frachter!

Ich spreche mit Mats und sage ihm, dass ich das Schiff wieder verlasse. Er versteht mich und sagt den anderen Bescheid. Sie winken mir doch tatsächlich zu, als ich wieder über den wackligen Holzsteg raus aufs Land klettere. Ich habe sie alle lieb gewonnen, alle, die rauen Gesellen mit dem weichen Herzen.

Mit Wehmut im Herzen trampe ich zurück nach Lübeck, zurück „nach Hause" in meinen Bahnhof.

Ich fühle mich jetzt jedoch besser. Habe das Gefühl, auch aktiv mitgestalten zu können an meinem Leben, doch nicht total irgendeinem Schicksal ausgeliefert zu sein. Und vielleicht habe ich wieder so etwas wie eine Ausstrahlung. Denn es sprechen mich wieder Menschen an, das totale Einsamkeitsgefühl ist nicht mehr da. Das Gefühl der Ohnmacht ist nicht mehr so stark. Noch sitze ich in „meinem" Bahnhof – jedoch mit Hoffnung im Herzen.

Eine besonders berührende Begegnung hatte ich mit einem Herrn, der mich im Bahnhof ansprach, ob ich Hilfe bräuchte. Ich entgegnete patzig, ich wäre diese ewige Anmache so leid, und dass ich nicht käuflich sei. Er hob abwehrend die Hände und entschuldigte sich sogar und meinte, dass er es so überhaupt nicht gemeint habe. Er hätte nur den Impuls gehabt, mir zu helfen. Ich sagte ihm, dass ich gerne seine Hilfe in Form eines Mittagessens annehmen würde. Er lud mich ins Bahnhofs-Restaurant ein und ich aß gierig und hungrig und sehr, sehr dankbar. Er hatte gespürt, wie verloren ich war und dass ich doch nicht eine von den langjährigen Obdachlosen war, die schon gezeichnet vom Alkohol und der Hoffnungslosigkeit, hier im Bahnhof herumhingen.

Ich konnte mich seit langem einmal wieder austauschen und erfuhr so etwas wie menschliche Wärme. Dieser männliche Engel, der er für mich war, war auf der Durchreise. Er drückte mir, nachdem er unsere Rechnung bezahlt hatte, 25 DM in die Hand und sagte, dass ich dafür eine Übernachtung bekäme in dem kleinen Hotel neben dem Bahnhof. Ich bedankte mich vielmals. Aber er meinte, meine Freude wäre ihm Dank genug. Er wünschte mir Glück und verabschiedete sich.

Ich sauste los in das benannte Hotel. Ich buchte ein Zimmer für eine Nacht und ging schnurstracks aufs Zimmer. Ich strich immer wieder mit der Hand über die weißen Laken und konnte mein Glück nicht fassen. Ich stellte mich unter die Dusche und weiß nicht, wie lange ich das heiße Wasser auf mich habe prasseln lassen. Wasser gespart habe ich damals jedenfalls sicher nicht! Und es gab auch noch ein Frühstück inklusive. Allerdings auf meine Frage, ob ein Ei inbegriffen sei, nannte man mir den Preis, den ein weiches Frühstücksei extra kostete. Ich überschlug schnell „meine Finanzen" und gönnte mir diese Extraausgabe.

Damit war der Ausflug ins Traumland wieder vorbei. Aber irgendwie war ich gestärkt, hatte Vertrauen gewonnen, dass ich aus der verzwickten Lage wieder herauskäme.

Und so rief ich abermals auf eine Annonce an, in der eine Versicherung einen Vertriebsprofi suchte. Dieses Gespräch verlief jedoch sehr, sehr anders, als man sich ein solches Geschäftsgespräch vorstellt.

Ich packte sozusagen den Stier bei den Hörnern und sagte am Telefon, dass ich sicher nicht geeignet sei für dieses berufliche Angebot, dass ich aber dringend Hilfe bräuchte und hier niemanden kenne und deshalb ihn, der die Stelle ausgeschrieben hatte, um Hilfe bitte. Ja, es geschehen immer wieder Wunder! Dieser Herr verabredete sich mit mir in einem Café und er kam auch!

Ich war eher da und bestellte mir einen Tee, weil das das günstigste Angebot auf der Karte war und ich zur Not selbst hätte bezahlen können. Der Herr kam und er setzte sich zu mir und ich platzte mit der ganzen Wahrheit heraus. Ich beschönigte nichts. Ich jammerte aber auch nicht. Ich lieferte sozusagen einen Tatsachenbericht meines Status Quo ab. Das imponierte ihm und er verschaffte mir eine Studentenbude, bezahlte die erste Miete und schickte mich zum Arbeitsamt, um mich arbeitslos zu melden und mir dort Überbrückungsgeld zu holen. Ich war ganz fassungslos, wie leicht das alles ging. Ja, ich bekam tatsächlich Geld! Und ich hatte ein Dach über dem Kopf! Und, das war wohl das schönste für mich, dort waren eine Menge junger Leute, die mich zum Abendtee einluden, Gitarre spielten und zusammen sangen.

Der Herr von der Versicherung besuchte mich eines Abends mit einer Rose in der Hand in meinem neuen Domizil „Hinter-den-Kirschkaten". Ich schmiss ihn raus. Ich weiß nicht, was mich damals dazu bewogen hat. Ich wollte nicht auf diese Weise „bezahlen". Ich war ihm sehr, sehr dankbar für die Hilfe. Und er war auch ein wirklich netter Mann. Es tut mir heute leid, dass ich so überreagiert habe. Wahrscheinlich habe ich mich wirklich bis ins Mark geschämt.

Auf dem Arbeitsamt war ein Herr Juwanov für mich zuständig. Ein älterer Herr, kurz vor der Pensionierung, wie ich später erfuhr. Er hatte irgendwie einen Narren an mir gefressen, weil ich so schön bayerisch sprach. Er hatte, wie er mir später erzählte, mit seiner Frau immer wieder Urlaub in den Bergen im Berchtesgadener Land, meiner Heimat, gemacht. Und er fragte mich, was er für mich noch tun könne. Ich platzte geradewegs heraus: „Ein Mittagessen!" Ich war seit meiner unfreiwilligen Diät ständig hungrig. Er nahm mich auch tatsächlich mit in die Kantine und bestellte für mich ein Schnitzel mit Kartoffelsalat. Als ich gierig und schnell gegessen hatte, fragte er, wohl mehr spaßeshalber, ob ich noch eine Portion wolle. Und ob ich wollte. So bekam ich ein zweites Schnitzel, das ich dann mit mehr Achtsamkeit und noch mehr Genuss verspeiste. Er schmunzelte ob meines Appetits und ab da waren wir Freunde. Er lud mich zu sich nach Hause ein, kochte für mich so manches Abendessen und fuhr mit mir in seinem himmelblauen VW-Käfer spazieren. Wir fuhren nach Travemünde und zum Timmendorfer Strand, nach Ratzeburg und Bad Oldesloe. So lernte ich etwas mehr von meiner „nordischen Ferne" kennen und freute mich vor allem über die Gespräche auf den Fahrten. Juwo, so bat mich Herr Juwanov, ihn zu nennen, erzählte mir von seinem Täubchen, seiner vor einem Jahr an Krebs verstorbenen Frau, die so gerne bayerische Tracht trug. Er erzählte mir von seinen Urlauben in meiner bayerischen Heimat, die er fast so gut kannte wie ich, von den Ausflügen mit seinem Täubchen in die Ramsau, zum Königsee und von der Schifffahrt nach St. Bartholomä. Er konnte in mir ein so glückseliges Gefühl erzeugen, eine so große Dankbarkeit, dass ich diese Ausflüge in meinem ganzen Leben nicht vergessen werde. Nach einem Abendessen bei Juwo bot er mir an, mit meinem Vater zu telefonieren. Ich war ganz aufgeregt und freute mich riesig, seine Stimme zu hören. Nun konnte ich ja erzählen, dass ich umgezogen sei und einen guten Freund namens Juwo gewonnen hätte. Ich denke, die beiden waren ungefähr gleich alt. Ich stellte sie einander am Telefon vor und sie verstanden sich auf Anhieb.

Juwo überließ mir die Garderobe seiner verstorbenen Frau und entsorgte meinen Mantel in die Mülltonne. Dieser taugte auch nicht einmal mehr für die Altkleidersammlung. Und so wurde ich im hohen Norden komplett in „boarische Gwandter" (bayerische Kleidung) gekleidet.

Nun, da ich wieder ein Dach über dem Kopf und einen Freund gewonnen hatte und endlich nicht mehr dauernd hungrig war, konnte ich wieder klar denken. Mir wurde klar, dass ich hier oben niemals glücklich sein würde. Ich wollte wieder nach Hause. Ich wollte meine Freunde daheim wieder sehen, meinen Vater und meine Großmutter. Ich musste auch endlich wieder eine Arbeit finden. Und ich brauchte einen Therapeuten. Denn die aufgehellte Stimmung, die ich gerade verspürte, hielt nicht durchgängig an, das wusste ich nur zu gut.

So beriet ich mich mit Juwo über meine Gedanken. Was ich aber nicht bedacht hatte war, dass Juwo in mir genauso Halt gefunden hatte, wie ich in ihm. Er konnte und wollte es nicht glauben, dass ich wieder abreisen würde. Er bot mir sogar an, bei ihm zu wohnen, was noch vor nicht allzu langer Zeit ein sensationelles, unwiderstehliches Angebot für mich gewesen wäre. Aber ich musste und wollte wieder nach Hause. Ich wollte wieder ein normales, geregeltes Leben führen. Nicht, dass es mir nicht gefallen hätte, mit den Studenten zu feiern, zu blödeln und einfach Spaß zu haben. Nicht, dass ich die Unterstützung und Fürsorge von Juwo nicht genossen hätte. Aber es war alles in allem eine Ausnahmesituation, aus der ich raus wollte. Ich fühlte, all das war nicht gesund, nicht förderlich für mich.

Und so rief ich die Mitfahrzentrale an und meldete mich an für eine Fahrt nach Bad Reichenhall oder wenigstens nach München. Ich hatte Glück. Jemand fuhr nach Wien und konnte mich bis Salzburg mitnehmen.

Von dort aus war es ein Katzensprung zu mir nach Hause.

Welch ein Wort: „Zuhause!" Ich sagte dem Büro der Mitfahrerzentrale zu und buchte für kleines Geld diese Mitfahrgelegenheit.

Ich verabschiedete mich von Juwo. Er war so traurig und mit einem Mal alt geworden. Er besorgte mir einen Koffer für die umfangreiche Garderobe seiner Frau und packte noch jede Menge Dosen mit Fertiggerichten dazu, was ich besonders rührend fand. Er hatte Angst, dass ich wieder würde hungern müssen, wenn er nicht mehr für mich sorgte.

Ich kündigte die Studentenbude, was nicht schwierig war, weil immer jemand auf der Warteliste stand, packte meine paar Habseligkeiten zusammen und freute mich auf die Reise zurück nach Hause.

Ein Mercedes hielt vor dem Studentenwohnheim Hinter-den-Kirschkaten. Ein Mann stieg aus und fragte in reinstem Wienerisch, ob er mir mit den Koffern behilflich sein könne. Ich war total überrascht. Der blonde Wiener war ebenfalls ein Gast, der die Mitfahrzentrale nutzte, um zurück nach Wien zu fahren. Der Fahrer war ein netter, unscheinbarer Mann, der froh war, die Kosten teilen zu können. Ansonsten war er nicht sehr gesprächig und froh, dass der Wiener und ich uns so gut verstanden.

Salzburg ist ja meine zweite Heimat und so war der Klang des Wiener Dialektes Balsam für meine mitgenommene Seele. Ich konnte es gar nicht fassen und fragte den charmanten Herrn, woher er komme, wohin er fahre und wollte einfach alles von ihm wissen. Bereitwillig erzählte er dann auch, dass er auf Geschäftsreise wäre, Pech gehabt hätte mit seinem Wagen und deshalb die Mitfahrzentrale nutze, um nach Hause nach Wien zu kommen. Er war 35 Jahre alt, schlank, etwas grösser als ich und ausnehmend liebenswürdig. Er hieß Hagen Rakovitz und ich verliebte mich sofort in ihn und seine Worte. Er sprach sanft und weich, war liebevoll und überhaupt sehr rücksichtsvoll. Er bat den Fahrer am nächsten Parkplatz zu halten, wenn ich mal raus musste und besorgte mir einen Kaffee und ein Sandwich. Soviel Zuwendung tat mir gut. Ich meinerseits erzählte ihm, dass ich wieder nach Hause führe nach Bad Reichenhall, aber dann wohl nach München gehen würde, um dort Arbeit zu finden. Er fand das eine gute Idee, und wir plauderten und plauderten und irgendwann lag ich in seinem Arm und schlief ein. Ich träumte von Prinzen und Prinzessinnen, von einem Schloss mit weitläufigem Park, vom Wiener Opernball und charmanten Tanzpartnern.

Als ich aufwachte waren wir schon ein paar Stunden unterwegs gewesen und ich freute mich jetzt richtig auf zu Hause. Ich konnte es schon gar nicht mehr erwarten, nach Bayern zu kommen.

Hagen und ich unterhielten uns schon so, als würden wir uns ewig kennen. Ein wunderbares Gefühl. Und wie mein Herz hüpfte, als er sagte, dass er sich durchaus etwas Zeit nehmen könne, um mich nach Bad Reichenhall zu begleiten, um dort ein paar Tage zu bleiben. Es wäre doch schade, wenn wir uns so schnell wieder aus den Augen verlören. Ja, das fand ich aber auch. Der nette, wortkarge Mercedesfahrer setzte uns auch noch liebenswürdigerweise direkt in Bad Reichenhall ab und ich fühlte, wie mein Herz hüpfte, meine Seele jubelte und ich einfach nur glücklich war, wieder bayerischen Boden unter den Füssen zu haben.

Die Begrüßung meiner Großmutter war herzlich, wenn sie auch etwas befremdet war von meinem wienerisch sprechenden Anhang. Wir erklärten ihr etwas von Durchreise und in Lübeck kennen gelernt und sie fragte nicht weiter nach. Sie war einfach froh, ihre Enkelin wohlbehalten zurück zu haben.

Ich konnte zwei Zimmer haben im Hause meines Onkels in der Herzog-Georg-Straße 4, gegenüber dem Haus meiner Großmutter, und dort quartierten wir uns ein. Ich bekam einen Job als Bedienung im Café „Drei Linden" nahe dem Krankenhaus in Bad Reichenhall. Ein hübsches Café mit einem Garten unter Lindenbäumen.

Eigentlich hätte es mich ja doch wundern sollen, was mein weit gereister, interessanter, österreichischer Freund so tat. Denn er tat gar nichts. Ich ging jeden Tag arbeiten und lief mir die Hacken ab und abends erwartete mich Hagen mit der Bitte, ob ich ihm noch eben seine Hemden bügeln könne.

Ich schob das Unbehagen weg, denn ich wollte partout nicht gleich wieder alleine sein. Die Einsamkeit in Lübeck hatte mir weh getan und die Wunden waren noch nicht geheilt. So blendete ich alles aus, was mir nicht gefiel und konzentrierte mich auf die Zweisamkeit und die Gespräche. Sein charmanter Dialekt gefiel mir. Ich lauschte ihm gerne.

Hagen langweilte sich mit der Zeit in der Kleinstadt Bad Reichenhall und schlug vor, nach München zu ziehen. Dort könne er seinen Geschäften nachgehen und somit würden wir uns eine größere, komfortablere Wohnung leisten können. Mir gefiel diese Vorstellung. Ich mochte München. Schon paarmal bin ich mit meinem Flocki, meinem ersten Auto, nach München gefahren und habe meinen Vater besucht. Ich weiß nicht, ob ich mich nach meiner Erfahrung in Lübeck schon trauen würde, allein nach München zu ziehen. Aber mit Hagen zusammen gefiel mir diese Idee sehr gut.

München

Meine Großmutter ist traurig, dass ich schon wieder weg gehe. Allerdings ist sie auch beruhigt, dass ich „nur" nach München ziehe, zumal dort auch mein Vater lebt. Sie steckt mir eine beträchtliche Summe Geld zu, mit der ich den Umzug und neue Möbel würde bezahlen können. Ich bin selig und dankbar für ihre großzügige Unterstützung und umarme sie herzlich, meine kleine Oma.

Mein Vater findet für uns eine passende Zweizimmer-Wohnung mit Wohnküche und Bad im vierten Stock am Gollierplatz nahe des Münchener Zentrums und doch ruhig gelegen.

Ich stimme begeistert zu, als ich die Wohnung anschaue. Der Blick aus dem Wohnzimmer geht auf den Gollierplatz, der mit großen Bäumen umsäumt ist und einen Kinderspielplatz und eine Wiese beherbergt. Das gefällt mir! Mitten in München und doch so viel Grün! Nur eine Straßenbahn fährt auf der gegenüberliegenden Seite des Platzes. Die stört mich jedoch nicht. Im Gegenteil! Ich finde diese Tram sehr gemütlich und außerdem ist es praktisch, eine Haltestelle direkt vor der Tür zu haben. Der Umzugswagen, ein Sprinter, wird gemietet, wir packen unsere paar Sachen und wieder einmal ziehe ich „in die große, weite Welt", nur diesmal nicht allein, welch ein Glück!

Mein Vater hilft beim Umzug. Dies sollte er noch oft, sehr oft tun. Er ist froh, seine Tochter in so charmanten Händen zu wissen, denn Hagen hat auch sein Herz gewonnen. Mein Vater sagt glücklich: „Meinen Segen habt ihr, Kinder!"

Ich fühle mich wohl in der Wohnung in luftiger Höh'. Ich finde einen Job in der Olympiapark GmbH als Kartenverkäuferin. Das ist schon mal ein Anfang. Ich kann gut mit Menschen umgehen und eines Tages wird jemand auf mich aufmerksam und fragt mich, ob ich auch im Büro aushelfen könne. Das ist ein echter sozialer Aufstieg. Ich freue mich und arbeite mich relativ schnell ein. Ich vertrete eine Sekretärin, die in Mutterschaftsurlaub ist und so bekomme ich diese gute Stelle. Und ich lerne eine ganz besonders nette Kollegin kennen. Laureen ist eine unkomplizierte, charmante, junge Frau. Ein richtiger Sonnenschein! Wir befreunden uns und sie sollte meine allerbeste Freundin werden.

Hagen und ich gehen Möbel anschauen. Immer wieder meint er, wir sollten noch etwas anderes ansehen. Ich verstehe sein Zögern nicht, wage aber auch nicht, mich gegen ihn aufzulehnen. Von Hagens Geschäften bekomme ich nicht viel mit. Er hat vereinzelt „Termine", die er „dringend wahrnehmen" muss. Geld bringt er keines nach Hause. Aber ich fühle mich reich, mit dem Geld meiner Großmutter auf der Bank und meinem gut bezahlten Job. Ein paar Möbel haben wir ja mitgebracht und ich mag diesen provisorischen Zustand sogar ganz gerne. Es hat so etwas Unkonventionelles.

Eines Tages meint Hagen, dass er nun die Möbel, die wir zuletzt angesehen hätten, gut fände und sie, wenn ich es wolle, auch kaufen würde. Ich stimme zu, hebe das Geld von der Bank ab und gebe es ihm, bevor ich zur Arbeit gehe. Er verabschiedet sich von mir mit einem Küsschen auf die Wange und ich ahne nicht, dass dies ein endgültiger Abschied ist.

Ich komme beschwingt nach Hause und freue mich auf unseren Abend. Ich rufe in die Wohnung: „Hagen, Hagen, bist du da?", bekomme aber keine Antwort. Ich gehe erst mal ins Bad, nehme eine Dusche und ziehe mir etwas Bequemes an.

Als ich in die Küche gehe, sehe ich einen Brief auf dem Tisch liegen. Mit der fahrigen Handschrift Hagens steht darauf: für Ingrid.

Ich schenke mir ein Glas Wasser ein, setze mich an den Tisch und falte das Blatt auseinander. Was ich da lese, verstehe ich nicht. Nochmal ganz langsam, der Reihe nach:

„Meine Liebste! Ich muss dringend weg. Ich weiß nicht, wie lange es dauern wird, bis ich zurückkommen kann. Wenn jemand nach mir fragt, sage, dass du nichts von mir weißt, auch wenn es die Polizei ist. Vertrau mir! Ich melde mich, in Liebe, Hagen."

Was bedeutete das? Was hieß das, dass die Polizei nach ihm fragen könnte?

Ich schrecke hoch! Er hatte das ganze Geld mitgenommen! Hatte sein Verschwinden damit zu tun? Und wenn jemand so betonte: „Vertrau mir!", war es doch geradezu ein Hinweis darauf, dass etwas nicht stimmte. Was war mit meinem Schmuck? Er hatte mal eine Bemerkung gemacht, dass diese Stücke gut etwas einbrächten. Ich knie mich vor das Bett und ziehe den flachen Karton hervor. Dort verwahrte ich unter meiner Bettwäsche meine zwei „heiligen Stücke" auf: ein goldenes Medaillon mit einem Kranz aus Perlen und einem ovalen Türkis in der Mitte von meiner großen Oma Hero, und ein handgemachtes, fein ziseliertes, silbernes Medaillon zum Aufklappen von der kleinen Oma. Der Schreck durchfährt mich, als ich das kleine Kästchen leer vorfinde. Dieser Schuft, dieser elendige Schuft! Ich durchwühle seine Sachen und finde eine grüne, verschlossene Geldkassette. Ich weiß, was ich zu tun habe. Im Telefonbuch suche ich nach dem Polizeirevier, das am nächsten liegt. Ich packe den Brief und die grüne Kassette und renne die Treppen hinunter. Ich komme keuchend bei der Polizei an, strecke dem Beamten wortlos die beiden Dinge entgegen und dieser schaut fragend auf die Kassette und den Brief. Völlig konfus versuche ich zu erklären, dass ich ihn anzeigen wolle, diesen Schuft, und vor allem meinen Schmuck von meinen Großeltern zurück haben müsse. Der Beamte, ein gemütlicher, älterer Mann, bittet mich, doch erst einmal Platz zu nehmen und ganz von vorne zu erzählen. Ganz langsam und der Reihe nach. Nachdem er verstanden hat, was vorgefallen ist, bittet mich der Beamte, einen Moment zu warten und kommt mit der geöffneten Kassette zurück. Ich staune nicht schlecht, als diverse Pässe zum Vorschein kommen, alle mit einem Foto von Hagen, jedoch mit verschiedenen Namen. Der Beamte bittet mich, zu warten. Nach einer Weile kommt er zurück und schmunzelt: „Diesem Gauner sind wir schon länger auf der Spur! Das haben Sie sehr gut gemacht, gleich zu uns zu kommen." Ich bin ein bisschen stolz auf mich, wenngleich das meinen Ärger nicht zu besänftigen vermag. Der Polizist sagt, dass ich von zwei Beamten begleitet würde, denn sie gingen davon aus, dass dieser Hagen sich sicher noch einmal bei mir melden würde.

So gehe ich zurück nach Hause, gefolgt von zwei Polizisten in Zivil. Ein Beamter geht mit mir die Treppe hinauf und hinein in meine Wohnung, der andere bleibt unten auf dem Platz stehen. Ich soll aus dem Fenster schauen und sofort Bescheid sagen, falls ich Hagen sehe. Nichts passiert. Und jetzt ist es schon so dunkel, dass nichts mehr zu sehen ist.

Plötzlich klingelt es. Ich erschrecke fürchterlich. Wie froh bin ich, dass der Polizeibeamte da ist. Jetzt Klopfen an der Wohnungstür. Der Polizist öffnet mit vorgehaltener Waffe und ich verharre mit angehaltenem Atem. Jetzt schreie ich: „Halt, nicht schießen, das ist mein Vater!"

Mein Vater schaut mit weit aufgerissenen Augen auf die Waffe und nimmt automatisch die Hände nach oben. Ich stürze meinem Vater in die Arme und der zu Tode Erschrockene muss jetzt auch noch mich trösten, dass ja nichts passiert sei. Ich zittere wie Espenlaub. Der Polizist sagt beruhigend: „So schnell wird nicht geschossen, junge Frau. Keine Angst!"

Ich erzähle meinem Vater, was passiert ist und er erklärt sich bereit, bei mir zu übernachten. Der Beamte bittet uns, die Tür auf keinen Fall zu öffnen, zuzusperren und den Schlüssel von innen stecken zu lassen. Er lässt mir seine Telefonnummer da, zur Sicherheit. Ein Beamter hält die Stellung vor dem Haus. Dieser Hagen ist wohl in der Tat ein gesuchter Verbrecher.

Am nächsten Morgen klingelt es. Der Schreck fährt mir in die Glieder, obwohl ich nicht alleine bin. Es ist der Polizist, der schon gestern bei mir war. Er will wieder die Stellung in meiner Wohnung beziehen und ich soll ans Fenster gehen und Bescheid sagen, sollte Hagen auftauchen.

Mein Vater verabschiedet sich, er weiß mich in guten Händen. Stunden vergehen und nichts passiert. Es wird mir schon langweilig, immer aus dem Fenster auf den Platz unten zu starren. Ich will gerade in die Küche gehen, um mir etwas zu trinken zu holen, da sehe ich Hagen! Er schleicht von Baum zu Baum auf unser Haus zu. Ich gebe dem Beamten ein Zeichen. Dieser funkt sofort seinen Kollegen unten auf dem Platz an. In diesem Moment scheint Hagen etwas zu wittern. Er nimmt die Beine in die Hand und rennt über den Platz, in die entgegengesetzte Richtung. Der Polizist, gelenkt durch seinen Kollegen an meinem Fenster, rennt hinterher. In diesem Moment kommt die Straßenbahn und Hagen schafft es, kurz davor über die Gleise zu springen. „Mein" Polizist zischt ein „Verdammt!" und der Beamte unten auf dem Platz kehrt nach einiger Zeit achselzuckend zurück. Ich könne auf gar keinen Fall in der Wohnung bleiben, sagt der Beamte zu mir. Ich werde aufgefordert, mir ein paar Sachen zusammenzupacken und ich folge dem Beamten, der mich in eine nahe gelegene Pension bringt. So viel Aufhebens wegen meinem Hagen. Ich fasse es nicht. Er scheint ein wirklich „schwerer Junge" zu sein.

Nach ein paar Tagen folgt dann die Entwarnung. Hagen, der natürlich nicht Hagen heißt, wurde gefasst und ins Wiener Staatsgefängnis überführt. Von meinem Geld und meinem Erbschmuck sehe ich nie wieder etwas.

Ägypten

Laureen liebt es, Feste zu feiern. Und ich liebe es, dabei zu sein. Sie hat Freunde aus aller Welt zu Gast und ich finde es spannend, Menschen aus verschiedenen Kulturkreisen kennen zu lernen. Laureen ist berühmt für ihre fantastische, internationale Küche und es ist ein Genuss, die verschiedenen Speisen zu kosten und „die Mädels" tauschen sich über die exotischen Rezepte aus. Ich nasche lieber am Buffet als mich für Kochrezepte zu interessieren. Mit meiner Kochkunst ist es nicht weit her und ich lebe gut mit dem Ruf, nicht kochen zu können. Ich werde oft zum Essen eingeladen, weil meine Freunde befürchten, ich könnte verhungern. Und ich genieße es.

Adnan, Laureens Mann, stellt mir seinen Freund Ayoub vor und ich bin sofort eingenommen von seinem guten Aussehen und seinem guten Benehmen. Er ist höflich und zuvorkommend, fragt mich, ob ich noch etwas trinken möchte, und stellt sich im Gespräch auf meine Interessen ein. So verbringe ich einen beschwingten Abend und verabschiede mich bestens gelaunt spät nachts, als die meisten Gäste aufbrechen.

Am nächsten Tag staune ich nicht schlecht, als sich Ayoub telefonisch nach meinem Befinden erkundigt und ob ich gut nach Hause gekommen sei. Er sei zufällig in der Gegend und ob wir uns auf einen Kaffee treffen könnten. Dies ist der Beginn einer netten Freundschaft und ich schätze es, von diesem charmanten, höflichen, einige Jahre älteren Mann, umgarnt zu werden.

Er möchte meinen Vater kennen lernen und würde gerne für ihn kochen. Das ist natürlich ein unwiderstehliches Angebot und so lernen sich die beiden Männer bei mir zu Hause kennen. Ayoub bringt als Gastgeschenk eine Langspielplatte mit, die Scheherazade von Rimsky-Korsakov. Ich bin begeistert, dass er meinen Musikgeschmack trifft.

Er kocht fantastisch! Es gibt Putenoberkeule im Römertopf mit Gemüse und Tomaten und so gewinnt er meinen Vater und natürlich auch mich. Er kann wunderschön erzählen und wir fühlen uns schon bald wie im Märchen von 1001 Nacht.

Da ich zurzeit kein Auto habe, meint Ayoub, ich könne ruhig seinen BMW haben, da er ihn zurzeit nicht brauchen würde. Na, das lass ich mir nicht zwei Mal sagen und fahre stolz wie Bolle bei „meiner" Spedition vor, bei der ich zurzeit arbeite. Meine Kollegen fragen dann auch etwas spöttisch und neidisch, ob bei mir der Reichtum ausgebrochen sei. Es macht mir einen riesen Spaß, mit diesem schicken Auto herum zu düsen. Ich lade Laureen auf eine Spritztour ein und wir genießen die anerkennenden Blicke. Ja, wir machen schon eine gute Figur in dieser Edel-Karosse. Ich schwärme ihr von Ayoub vor und sie freut sich mit mir, dass ich so verliebt bin. Das Leben ist schön!

Ayoub fragt mich, ob ich mir so einen BMW selbst verdienen wolle. Er suche noch ein paar Fahrer, die mithelfen würden, Autos nach Ägypten zu überführen. Wir würden im Konvoi mehrere Autos nach Venedig fahren, diese dort aufs Schiff verladen und so nach Ägypten reisen. Der Lohn dafür sei so hoch, dass ich mir davon einen guten gebrauchten BMW würde leisten können und natürlich sei die Schiffspassage, sowie Kost und Logis in Ägypten inklusive. Und ich bekäme schon bei Abfahrt in Deutschland ein offenes Ticket für den Rückflug ausgehändigt.

Meine Abenteuerlust erwacht und ich verspreche, es mir zu überlegen, nachdem er betont, dass das ein ganz legales Geschäft sei und er das jedes Jahr machen würde und damit gutes Geld verdiene.

Ich träume von 1001 Nacht und stelle es mir märchenhaft vor, Ägypten zu bereisen. Und mit Ayoub zusammen wäre ich ja auch beschützt und in guten Händen.

Ayoub ist dann auch begeistert als ich ihm sage, dass ich den ganzen August Urlaub bekäme und mich freuen würde, mit ihm diese Reise zu unternehmen. Er umarmt mich zärtlich und flüstert mir arabische Liebesworte ins Ohr. Habibi! Es ist zum dahin schmelzen. Ich bin doch ein echtes Glückskind!

Wir treffen uns am vereinbarten Parkplatz im Osten Münchens, um die Autos zu übernehmen. Außer Ayoub und mir sind noch fünf junge Männer mit von der Partie, und wir steigen in verschiedene BMWs und Mercedes und los geht die Fahrt in Richtung Bella Italia. Ich bin in bester Stimmung und singe vor mich hin. Ich fahre gern und gut Auto und wir erreichen allesamt wohlbehalten Venedig. Wir fahren zum Campingplatz „Camping Fusina", der mit dem Vaporetto, nur 20 Minuten vom Zentrum Venedigs entfernt liegt. Dort gibt es nicht nur ein Ristorante sondern auch einen Supermercato, in dem wir noch für die Reise einkaufen. Alles ist bestens organisiert und ich bin in Hochstimmung und sammle all die neuen Eindrücke. Wir übernachten in sogenannten Mobilehomes und ich finde alles spannend und aufregend.

Am nächsten Morgen sind wir alle ausgeruht und gut drauf und fahren die acht Kilometer mit unseren Autos zur Fähre Espresso Egitto. Um die Formalitäten brauche ich mich Gott sei Dank nicht zu kümmern, das erledigt alles souverän Ayoub und einer seiner Kollegen. Als die Autos im Bauch der riesigen Fähre geparkt sind, erkunde ich das Deck und staune über die Höhe des Schiffes. Jeder von uns bekommt seine Kabine zugewiesen, Ayoub und ich eine Doppelkabine. Ich bin total begeistert! Die Kabine ist ausgestattet wie ein richtiges Hotelzimmer. Ich verstaue unsere Sachen und freue mich auf das Ablegen der Fähre. Noch ahne ich nicht, dass ich mich zurücksehnen würde nach dem sicheren Hafen in Venedig.

Wir legen ab und ich kann es irgendwie noch gar nicht fassen: meine erste Reise mit dem Schiff nach Ägypten. Ich kann mich nicht satt sehen an der Hafenkulisse, als Ayoub mich bittet, in die Kabine zu gehen und den Fotoapparat zu holen. Ich sage, dass ich das gleich machen würde, wenn wir abgelegt hätten, weil ich das grad so schön fände, dem Trubel und den winkenden Menschen zuzusehen. Da trifft mich seine Hand hart im Gesicht. Was war das? Ich kann es nicht denken! Ayoub sagt ungerührt: „Jetzt!" und weiter: „ Ich meine immer „jetzt", wenn ich „jetzt" sage!" Ich schaue ihn entgeistert an. „Kannst du mir erklären, was das soll, Ayoub?" frage ich ihn. Er sagt: „Da gibt es nichts zu erklären. Du tust einfach das, was ich dich bitte zu tun und zwar sofort!" Ich gehe völlig verdattert Richtung Kabine. Mein Gehirn arbeitet fieberhaft. Ich versuche das eben Geschehene zu erfassen, zu verarbeiten. Ich kann es einfach nicht einordnen. Hatte mich Ayoub wirklich geschlagen? Der feine, charmante, rücksichtsvolle Ayoub?

Ich bringe ihm die Kamera, gehe zurück zur Kabine und lege mich aufs Bett. Ich bin so fassungslos. Und langsam beschleicht mich eine Angst und eine Gewissheit: ich war ihm ausgeliefert. Er hatte all mein Geld und meine Papiere an sich genommen. Jetzt, da das Schiff abgelegt hatte, konnte ich nicht zurück. Ich musste mit ihm diese Reise durchziehen. Und was mich in Ägypten erwarten würde, machte mir jetzt mehr Angst als Vorfreude.

Ich versuche, das Beste aus der Situation zu machen und schlendere über das Deck, als ich einen Swimmingpool entdecke. Ein Pool auf dem Schiff. Das fasziniert mich. Ich gehe zurück zur Kabine, um mir meinen Badeanzug anzuziehen. Mit einem umgebundenen Badetuch gehe ich zurück zum Pool. Ayoub fragt mich, was ich da machen würde. „Ich möchte gerne schwimmen", entgegne ich ihm. „Du gehst sofort zurück in die Kabine und ziehst dich wieder an!", fordert er scharf. Und mir ist klar, dass er keinerlei Widerspruch dulden würde, ohne wieder handgreiflich zu werden. Wie recht ich doch behalten sollte.

Ayoubs Hand sitzt locker und seine Ansprache ist weder liebevoll noch zärtlich, sondern scharf und brutal. Ich füge mich, wann immer ich eine Situation überblicken kann. Aber so manches Mal ist er wütend und ich weiß nicht einmal, warum.

Nach vier Tagen hat dieser Teil des Alptraums ein Ende und wir legen in Alexandria an. Polizei kommt an Bord und verteilt Visa. Die Carnets werden geprüft und es dauert eine Stunde, bis wir mit den Autos vom Schiff rollen in ein abgezäuntes Areal. Jetzt kommt der Zoll. Die Fahrgestell-Nummern der Autos werden kontrolliert. Ich stelle mich abseits in den Schatten und warte auf weitere Anweisungen.

Ich werde aufgefordert in mein Auto zu steigen und den anderen zu folgen. Wir fahren wieder im Konvoi zu einem palastartigen Hotel. Ich traue meinen Augen nicht. Es ist wunderschön und erinnert mich an die Geschichten aus 1001 Nacht. Wir steigen ab im 5 Sterne Hotel El Salamlek Palace Hotel. Wäre ich nicht ganz verschreckt von der brutalen Veränderung meines Habibi Ayoub, würde ich vor Verzückung strahlen.

Unser Gepäck wird ausgeladen und auf unsere Zimmer gebracht. Das Doppelzimmer, in das wir einziehen, hat orientalischen Charme gepaart mit Luxus. Ich bin fasziniert. So etwas habe ich in meinem Leben noch nicht gesehen. Schwere, bordeauxfarbene Schabracken hängen an den Fenstern, ein üppiges Blumengesteck schmückt den Tisch und über dem Betthaupt ist ein Baldachin gespannt. Das angrenzende Badezimmer ist mit hellem Marmor ausgekleidet. Die Klimaanlage kühlt das Zimmer angenehm und ich habe das dringende Bedürfnis, ein Bad zu nehmen. Ich habe Glück. Ayoub sperrt mich im Zimmer ein und geht nach unten. Er sagt mir nicht, was er vorhat und wann er wiederkommt. Egal! Ich ziehe meine verschwitzten Kleider aus und genehmige mir ein ausgiebiges Duschbad. Dann lege ich mich aufs Bett und versuche mir ein Bild davon zu machen, wie es wohl weiter geht für mich, hier in Ägypten, wo eine Frau nicht einmal allein auf die Straße gehen kann. Das hat mir Ayoub gleich eingebläut. Ich habe ein gesegnetes Naturell und ich verspreche mir selbst, alles so gut es geht zu genießen.

Wir fahren am nächsten Morgen früh weiter nach Ismailia. Die Fahrt dauert fast fünf Stunden. Es ist heiß und die Kleidung klebt am Körper. In Banha machen wir Rast und die Männer stehen im Kreis mit einigen Einheimischen und reden gestikulierend und aufgeregt. Ich verstehe nicht, worum es geht. Ein Krug mit Wasser wird herum gereicht und jeder trinkt. Als ich an die Reihe komme und den Krug nehmen will, bekomme ich eine Ohrfeige von Ayoub. Ich schaue ihn verständnislos an. Er sagt, das Wasser sei für uns nicht trinkbar. Aber warum muss seine Warnung handgreiflich sein? Warum spricht er nicht mehr normal mit mir? Ich sollte die Antwort später in Kairo bekommen.

In Ismailia werden die Autos übergeben und wir fahren mit einem Jeep, den wir vor Ort übernehmen, weiter nach Port Said am Suez-Kanal. Es ist eine kurze Fahrt von ungefähr einer Stunde. Es ist immer noch tropisch heiß und ich sitze eingepfercht hinten zwischen den Männern. Ayoub sitzt vorne auf dem Beifahrersitz und unterhält sich fortlaufend mit dem Fahrer, natürlich auf Ägyptisch. Ich verstehe kein Wort und komme mir vor wie bestellt und nicht abgeholt.

Ich bin fasziniert davon, am Suezkanal zu stehen. Ich frage Ayoub, ob es möglich sei, ins Wasser zu gehen. Ich freue mich, dass er bejaht und ich gehe mitsamt der Kleidung bis übers Knie ins Wasser. Ich fühle mich gleich besser. Erfrischt und auch irgendwie besonders. Immerhin steht man nicht jeden Tag im Suezkanal. Die jungen Männer bleiben in Port Said und Ayoub und ich fahren heute noch bis Kairo - nochmal eine Fahrt von drei Stunden. Wir kommen nachts an und ich fühle mich gerädert. Ayoubs Bruder, Nabil, und dessen hochschwangere Frau Saida wohnen in einem kleineren Wohnblock. Sie bitten uns herein und ich freue mich, dass sie mich so herzlich begrüßen. Sie sprechen etwas Englisch und den Rest gestikulieren wir mit Händen und Füssen, um uns zu verständigen. Ich verstehe, dass zurzeit Ramadan ist und es nur nach Sonnenuntergang Essen gibt. Die Familie sitzt noch bis Mitternacht beim Essen, auch die zwei Kinder, die 10 und 12 Jahre alt sind. Ich freue mich einfach, so etwas wie Normalität zu erleben. Jeder unterhält sich mit mir, soweit es die Sprachbarriere eben zulässt und ich genieße das köstliche, üppige Mahl. Spät falle ich total erschöpft ins Bett und ich bin froh, dass Ayoub mich in Ruhe lässt.

Am nächsten Morgen erwache ich allein in dem fremden Zimmer. Als ich aufstehe, begrüßt mich die Hausherrin freundlich. Ich frage, wann denn ihr Baby kommen würde, denn es sieht so aus, als wäre der Geburtstermin schon nahe. Sie erklärt mir, dass es noch knapp zwei Monate dauere, dass es aber schon recht beschwerlich sei in der Augusthitze und während des Ramadan. Ich erfahre, dass auch sie den ganzen Tag weder isst noch trinkt, obwohl es für Schwangere eine Ausnahmeregel gibt und ich versuche sie dazu zu bewegen, wenigstens Wasser zu trinken. Ich bin den ganzen Tag mit Saida und den Kindern allein und weiß nicht wo Ayoub steckt und wann er wiederkommt. Abends dann das gleiche Ritual. Der Tisch wird abgedeckt mit mehreren Lagen Papier und darauf kommen vielerlei verschiedene Gerichte wie Suppe und Bohneneintopf, Basbousa und Semolina-Kuchen und viele honigtriefende süße Teilchen wie Baklava und Kanofa. Dazu gibt es Minztee, Hibiskus- und Apfeltee. Zum Essen versammelt sich wieder die ganze Familie und auch Ayoub ist zurück gekommen. Er fragt mich nicht, wie ich den Tag verbracht habe und ich fühle mich furchtbar verlassen, obwohl ich ja mit der ganzen Familie am Tisch sitze und mir die verschiedenen Speisen gut schmecken.

Am kommenden Tag besuchen wir die Großmutter von Ayoub und ich lerne, dass ich mich verbeugen muss, wenn ich sie begrüße. Sie ist eine alte, kleine Frau mit wachen Augen und sie schaut mich freundlich an. Jetzt ist auch Ayoub nett zu mir und ich verstehe, dass er Respekt hat vor der alten, klugen Frau.

Ich sitze dabei und lausche der Unterhaltung der beiden. Es gefällt mir, die fremd klingenden Laute zu verfolgen. Ich schnappe das eine oder andere Wort auf und versuche, mir meinen Reim darauf zu machen.

Nach diesem Besuch ist Ayoub freundlicher zu mir und er fährt mit mir zu den Pyramiden von Gizeh, was mich von Herzen freut. Er lässt mich mit einem Kamel reiten und ich bin ihm dankbar für diesen schönen Ausflug. Es ist für mich so besonders, die Pyramiden zu sehen. Es ist für mich das Symbol für das ferne, fremde Land und ich habe das Gefühl, wirklich weit gereist zu sein.

Nun ziehen wir um zu einem alleinstehenden Mann, der Raoul heißt und im Rollstuhl sitzt. Er lebt in einer 3 Zimmer Wohnung und wir können ein Zimmer davon beziehen. Raoul ist unglaublich freundlich, warmherzig und kommunikativ. Und dem Himmel sei Dank, er spricht Englisch. Ayoub ist wieder den ganzen Tag unterwegs. Ich bleibe zurück in der Wohnung und lerne von Raoul etwas von ägyptischer Geschichte und erfahre von einem Familienzwist, zwischen Ayoub und dem Rest der Familie. Ayoub hält sich nicht an die Regeln des Ramadan und trinkt sogar Alkohol, weshalb er schlecht angesehen ist bei seiner Familie.

Im Haus höre ich eine Frau immer wieder furchtbar weinen und schreien. Ich frage Raoul, ob man da nicht helfen müsse. Er klärt mich auf, dass jeder Mann seine Frau schlagen könne, soviel er wolle und dass sich niemals jemand einmischen würde. Ich bin sehr traurig. Ich bekomme eine richtige Wut im Bauch. Was glauben diese Männer eigentlich!

Am Abend helfe ich Raoul den Tisch zu decken für „Iftar" das Fastenbrechen nach Sonnenuntergang. Ayoub kommt dazu und ist wieder einmal übel gelaunt.

Nach dem Essen gehe ich ins Bad und nehme eine Dusche. Ayoub kommt herein und ich bitte ihn, die Tür zu schließen. Als Antwort schlägt er so hart zu, dass ich mit dem Kopf gegen die Fliesen schlage. Ich zittere am ganzen Körper und wage nicht, zu weinen. Ich frage, warum er das tut und er schlägt noch einmal zu. Ich bin verzweifelt. Ich habe Angst. Die Ohnmacht fühlt sich schrecklich an.

Abends im Bett frage ich ihn, ob er mich nach Hause reisen lassen würde, was er verneint. Er habe meine Papiere und mein Geld und ich solle mir die Idee aus dem Kopf schlagen, zurück nach Deutschland zu kommen. Auf meinen Einwand, ich könne ja zum Konsulat gehen, lacht er laut auf und erklärt, dass ich nicht einmal mit dem Taxi mitgenommen würde als Frau alleine und deshalb nirgends hinkäme ohne ihn.

In der Nacht zermartere ich mir das Gehirn, wie ich aus dieser misslichen Lage herauskommen könnte. Denn aufzugeben und mir ein Leben hier in Kairo auszumalen kommt für mich überhaupt nicht in Frage.

Es folgen viele Tage, die ich zurückgelassen von Ayoub mit Raoul in dessen Wohnung verbringe. Aber ab und zu geschieht auch ein kleines Wunder und Ayoub nimmt mich mit, zeigt mir etwas von Kairo, lädt mich ein zum Shisha Rauchen in einem Straßen-Café und kauft mir eine herrlich duftende, aus Jasmin geflochtene Kette von einem Straßenkind. Er kauft mir sogar eine Goldkette mit einem Ankh-Anhänger, einem ägyptischen Schleifenkreuz und ich weiß diesen Gesinnungswandel nicht einzuordnen.

Diese Unberechenbarkeit setzt mir sehr zu. Als Ayoub die Fotos kauft, die ein Straßen-Fotograf von mir gemacht hat, bin ich erschreckt von meinem Aussehen. Tiefe Augenringe und ein verstörter Blick lassen mich um Jahre älter wirken. Das war keine glückliche, junge Frau um die 20 auf Urlaubsreise. Das war eine verängstigte, geschlagene Frau, die mir von dem Foto entgegensah.

Es sind nun schon Wochen ins Land gezogen, die ich mit dieser Ungewissheit verbringe. Ich weiß nicht, was Ayoub mit mir vorhat und ob und wann wir zurückreisen werden. Die ständige Änderung in seinem Verhalten lässt mich stets in Habachtstellung verharren.

An einem Tag, den ich wieder allein mit Raoul verbringe, halte ich es nicht mehr aus. Ich ziehe Raoul ins Vertrauen, auch auf die Gefahr hin, dass er mich verraten könnte und es dann richtig schlimm um mich stehen würde. Ich offenbare mich ihm und erzähle ihm, wie Ayoub sich verändert habe, seit unserer Reise von Deutschland hierher. Und wie ich in Angst lebe und furchtbares Heimweh habe. Er versteht mich und ich glaube, ich kann ihm vertrauen. Raoul schätzt mein aufrichtiges Interesse an seiner Person. Auch er hat es nicht leicht als behinderter und alleinstehender Mann. So ist

ein gegenseitiges Verständnis gewachsen und wir emp-
finden wirklich Freundschaft füreinander. Er erzählt mir
von Ayoubs Ex-Frau, die sogar einmal ins Krankenhaus
musste, so verletzt hatte er sie bei einem seiner Gewalt-
ausbrüche. Ayoub hat mir nie von seiner Ex-Frau erzählt
und mich schaudert es bei der Vorstellung, was sie
durchgemacht hat mit ihm. Auch sie war Deutsche und
hatte sich solch ein Horrorszenario sicher auch nicht
träumen lassen. Mir tut es gut, mich mit Raoul auszusprechen. Aber wie soll er mir helfen? Er kann die Wohnung nicht verlassen und ich kann alleine nicht auf die
Straße. Er verspricht, mir zu helfen. Er will sich etwas
ausdenken.

Am kommenden Tag ist Ayoub die ganze Zeit um
mich herum, so als ob er die veränderte Situation wahrnehmen würde. Ich habe keine Chance, mich mit Raoul
zu besprechen, fühle aber, dass er eine Lösung gefunden
hatte. Ayoub nimmt mich mit in ein touristisches Lokal
und trinkt ein Bier zum Essen. Ich verstehe, dass dies zur
Konfrontation mit seiner Familie führen muss, wie wenig
er sich an die islamischen Gebote hält und dies noch in
aller Öffentlichkeit zur Schau stellt.

Ich bin froh, als Ayoub mich „zu Hause" absetzt und
noch einmal weg muss. Raoul winkt mich sogleich zu
sich und ich gehe vor seinem Rollstuhl in die Hocke. Wir
wagen beide nicht, laut zu sprechen. Auch Raoul begibt
sich auf dünnes Eis. Er hätte gegen die Brutalität von

Ayoub keinerlei Chance. Er hatte mit dem Bruder von Ayoub gesprochen und mir läuft es eiskalt den Rücken hinunter, als ich das höre. Ich denke an den Ausspruch: „Blut ist dicker als Wasser" und mich befällt eine wahnsinnige Angst, dass Ayoubs Bruder unseren Plan verraten könnte. Aber Raoul beruhigt mich. Sein Bruder hat Ayoubs Verhalten immer abgelehnt und will mir nun helfen. Außerdem schätzt er, wie rührend ich mich um seine hochschwangere Frau gekümmert hatte, als ich bei ihnen zu Gast war. Ich solle in der Nacht versuchen, meine Papiere und etwas Geld an mich zu nehmen. Am nächsten Tag würde mich Nabil abholen und zum Flughafen bringen.

Mir steht der Schweiß auf der Stirn, als ich alles durchdenke. Wie sollte ich nur an meine Papiere kommen? Ayoub packte jeden Abend alles sorgfältig unter sein Kissen und schlief darauf. Ich hatte nur eine Möglichkeit, ihn in Gewissheit zu wiegen. Ich musste besonders nett zu ihm sein. Allerdings auch nicht zu nett, sonst würde er es erst recht bemerken. Ich denke alle Möglichkeiten durch. Ich musste es einfach versuchen! Ich durfte einfach nicht aufgeben! Er würde mich krankenhausreif schlagen, das wusste ich, spätestens seit mir Raoul von Ayoubs Ex-Frau erzählt hatte.

Ayoub macht es mir leicht. Er kommt betrunken nach Hause und schlägt mich ohne ersichtlichen Grund. Dies festigt meinen Entschluss: „Diese Nacht musste ich die Aktion wagen!" Er fällt über mich her und nimmt mich wie ein Stück Vieh. Meine Wut ist schon lange der Ohnmacht und Hilflosigkeit gewichen. Er lässt sich zurück in seine Kissen fallen und schläft auf der Stelle ein. Lagen meine Papiere wie immer unter seinem Kopfkissen? Ich hatte es in meiner Panik nicht bemerkt, wo er sie verstaut hatte. Ich suche zuerst in seiner Jackentasche, leise, leise, um ihn ja nicht zu wecken. Aber da sind meine Papiere nicht. Nur etwas Geld. Das kann ich immer noch holen. Wichtiger ist mein Pass. Ohne den komme ich hier nicht weg. Ich muss unter seinem Kissen suchen. Ich beuge mich nah zu ihm. Die Angst lähmt mich fast. Er atmet etwas röchelnd. Meine Nerven liegen blank. Er dreht sich zur Seite. Ist das eine Falle? Ich traue ihm alles zu. Ich starre in die Dunkelheit und warte. Ich warte angespannt, bis sein Atem gleichmäßig geht. Ich lege meine Hand ganz flach auf die Matratze und fahre langsam in Richtung seines Kissens. Er liegt mit dem Kopf zur Seite, mit dem Gesicht von mir weg. Das erleichtert es mir, meine Hand ganz, ganz langsam und flach auf der Matratze entlang fahrend unter sein Kissen zu schieben. Ich spreche mir innerlich gut zu: „Du schaffst es, du schaffst es!" und ich bete: „Gott, wenn es dich wirklich gibt, dann hilf mir jetzt. Du musst mir helfen! Bitte!" Ich spüre etwas Hartes unter dem Kissen. Ein Adrenalin-Schub durchfährt meinen Körper spürbar. Ich muss mich zusammenreißen. Ich darf jetzt nicht durchdrehen! „Los, Ingrid, los!" rede ich auf mich selbst ein. Ich bekomme eine Ecke von etwas, das mein Ausweis sein könnte, zu fassen. Mit zwei Fingern ziehe ich langsam, ganz langsam daran und achte höchst aufmerksam auf Ayoubs Atem. Es funktioniert. Ich halte etwas Kühles in Händen. Das muss ein Reisepass sein. Ich kann kein Licht machen, um nach zu sehen. Ich drücke das kostbare Gut an meine Brust und schleiche aus dem Zimmer ins Badezimmer. Es ist nicht abschließbar. Fiebernd und schnell mache ich Licht und öffne den Reisepass. Ja, es ist tatsächlich meiner. Eine leise Freude macht sich in mir breit, die aber schnell von der Angst verdrängt wird als ich überlege, dass ich auch noch mein Flugticket brauche. Ich schleiche zurück ins Zimmer. Den Reisepass halte ich an meine Brust gepresst, als ob ich ihn so vor dem Zugriff Ayoubs schützen könnte. Ich warte mit angestrengter Aufmerksamkeit, und lausche in die Dunkelheit. Alles ruhig. Nur sein Atem ist zu hören. Er atmet gleichmäßig und ich vertraue auf seinen guten, tiefen Schlaf. Ich schleiche auf Zehenspitzen noch einmal zu seiner über dem Stuhl liegenden Jacke und greife in die Innentasche, um mir Geld heraus zu nehmen. Da fühle ich noch etwas. Ich ziehe es heraus und kann in der Dunkelheit nicht erkennen, was es ist. Ich muss noch einmal ins Badezimmer. Kalter Schweiß läuft mir über den Rücken. Ich weiß nicht, wie lange ich diese Anspannung noch aushalte. Aber ich muss! Ich öffne wieder in Zeitlupe die Tür, um so wenig Geräusch wie möglich zu machen und haste über den Gang zum Bad. Wieder schalte ich das Licht an, um zu sehen, was ich in der Hand halte. Es sind Geldscheine und ein Brief in arabischer Schrift und, ich kann es gar nicht glauben, mein Ticket in dem Umschlag. „Es gibt Dich, Gott, ich danke Dir!" flüstere ich. Nun das ganze Prozedere zurück. Jetzt nur nicht leichtsinnig werden. Die Tür wieder leise geöffnet und in das dunkle Zimmer zurück. Die Tür knarrt leise. Ich verharre in höchster Anspannung, um zu lauschen. Alles ruhig. Ich suche meine Wäsche zusammen und ziehe sie an. Meine Papiere und das Geld stecke ich in meinen BH, den Brief stecke ich zurück in seine Jackentasche. Ich taste nach dem T-Shirt, das ich gestern über den Stuhl gelegt habe und ziehe es über. Nun lege ich mich aufs Bett und versuche, mich zu beruhigen. Mein Puls klopft spürbar in meinen Schläfen. Ich versuche mich zu erinnern, was Raoul mir gesagt hatte. Ich solle früh, wenn es gerade anfing hell zu werden, zu ihm ins Zimmer kommen. Er würde dann mit Nabil, Ayoubs Bruder telefonieren und ihm das ok geben, sofort zu kommen. Dieser warte schon auf den Anruf. Oh mein Gott, ob das alles gut ging. Wenn Ayoub Wind von unserer Aktion bekam, würde er uns beide totschlagen. An Schlaf ist nicht zu denken. Die Minuten tröpfeln dahin. Meine Angst hält mich wach. Ich darf jetzt nicht einschlafen. Die Gefahr, nicht rechtzeitig wach zu werden, ist zu groß. Ich versuche, mich zu beruhigen mit dem Gedanken, dass Ayoub immer lange schlief. Besonders, wenn er getrunken hatte. Die Zeit scheint stehen zu bleiben. Ich bin hellwach und gleichzeitig erschöpft. Ich überlege, was ich noch mitnehmen könnte. Aber diesen Gedanken schiebe ich gleich wieder zur Seite. Jetzt war es wichtig, selbst heil hier raus zu kommen.

Endlich eine Ahnung von Tageslicht im Zimmer. Ich rolle mich leise aus dem Bett, taste nach meinen Schuhen und meiner Handtasche, nehme beide in die Hand und schleiche Richtung Tür. Ich horche angestrengt in die Dämmerung, aber außer dem gleichmäßigen Atmen ist nichts zu hören.

Leise, ganz leise schleiche ich den Gang entlang bis zu Raouls Zimmer. Die Tür ist schon einen Spalt breit offen und ich stecke den Kopf ins Zimmer. Raoul sitzt schon in seinem Rollstuhl und ich schiebe ihn Richtung Wohnzimmer, wo das Telefon steht. Wir verständigen uns nur mit Kopfnicken und Handzeichen. Er wählt, wartet und nickt mir zu. Achtsam legt er den Hörer auf. Es dauert mehrere gefühlte Ewigkeiten. Die Haustür unten habe ich schon geöffnet und endlich, endlich kommt Nabil. Er hat einen Freund dabei, der bei Raoul bleiben wird, um ihn vor einem eventuellen Angriff Ayoubs zu schützen. Genauso, wie wir es ausgemacht hatten. Ich bin so dankbar und wäre Raoul am liebsten um den Hals gefallen. Ich mache mir jedoch rechtzeitig bewusst, dass ich hier in einer anderen Kultur bin und solch ein Gefühlsausbruch von mir unpassend wäre. So verabschiede ich mich mit einem herzlichen Händedruck und einem dankbaren Blick von Raoul und folge Nabil die Treppe hinunter.

Erst im Auto fühle ich mich einigermaßen sicher. Ich danke Nabil von ganzem Herzen. Er nickt mir wohlwollend zu und fährt Richtung Flughafen Kairo. Ich versuche langsam, die Anspannung loszulassen. Mein ganzer Körper schmerzt. In meinen Schläfen pocht es. Ich hole meinen Reisepass, das Ticket und das Geld unter meinem T-Shirt hervor und stecke alles in meine Handtasche. Mein einziges Gepäck. Nabil verspricht mir, meinen Koffer nachzusenden. Das Einzige, worum es mir leid tut, ist eine Galabea, ein langes ägyptisches Gewand mit schöner Stickerei. Aber jetzt geht es nur darum, heil in den Flieger zu kommen. Alles andere ist jetzt wirklich nicht wichtig.

Wir kommen am Kairo-Airport an. Ich merke, wie meine Anspannung wieder zunimmt, als ich aus dem Auto aussteigen muss. Dort drin hatte ich mich das erste Mal seit Wochen sicher gefühlt. Aber es ist nur ein kurzer Weg bis ins Flughafengebäude und ich bin froh, als die Türen hinter uns zugehen. Es ist noch nicht viel los zu dieser frühen Stunde. Ich frage an einem Informationsschalter, wann ein Flug nach München ginge und ob ich schon durch die Passkontrolle könne. Ich muss warten. Nabil holt uns beiden einen Becher Kaffee und ich bin froh, als er wieder bei mir ist. Ich bin total verunsichert und vermute hinter jedem männlichen Passagier

Ayoub. Endlich ist es soweit. Ich bekomme einen Flug am frühen Nachmittag. Es ist mir egal, wie lange ich warten muss. Ich möchte nur schon durch die Sicherheitskontrollen und damit in Sicherheit sein. Ich bekomme meinen Boarding-Pass ausnahmsweise schon jetzt ausgestellt. Ich konnte der Stewardess wohl die Dringlichkeit vermitteln. Ich verabschiede mich zutiefst dankbar von Nabil, bitte ihn, seine Frau und die Kinder zu grüßen und ganz besonders noch einmal Raoul zu danken. Er verspricht es mir und schüttelt mir herzlich die Hand. Da höre ich plötzlich jemanden meinen Namen rufen, laut und wütend. Geistesgegenwärtig renne ich zur Sicherheitskontrolle und hinter mir geht eine Schranke zu. Ich habe es geschafft. Ein wütender Ayoub schaut mir nach und droht mir mit hocherhobener Faust. Wieso war Ayoub hier? Warum ist er so früh wach geworden? Wieso wusste er, dass ich am Flughafen war? Was ist mit Raoul? Die Fragen schwirren durch meinen Kopf. Aber ich werde diese Antworten nie bekommen. Und ich will einfach nur weg von hier. Nicht mehr diesen Mann sehen, der mich so gequält hat. Der mich gewonnen hatte mit seiner liebenswürdigen Art und seinen guten Manieren. Der sich dann dermaßen schrecklich veränderte und mich körperlich und seelisch verletzte.

Ich sitze im Flieger nach Deutschland. Ich reise zurück in meine Heimat! Ich denke, dass ich ein unbeschreibliches Glücksgefühl haben sollte. Ich bin aber einfach nur leer. Ich kann nicht mehr denken und im Moment auch nichts fühlen. Endlich schlafe ich ein.

München hat mich wieder. Es ist noch schön warm. Die Sonne scheint noch mild vom bayerischen, weiß-blauen Himmel. Jetzt fühle ich es: „Ein ganz warmes Glücksgefühl. Ein Gefühl von Heimat". Jetzt weiß ich, was Heimat bedeutet. Nach über fünf Wochen der Ungewissheit wieder in Deutschland. Das ist Glück!

Mit der S-Bahn fahre ich zum Frankfurter Ring und steige um in den Bus, zu mir nach Hause. Die letzten Schritte von der Moosacher Straße bis zur Hamburger Straße lege ich im Laufschritt zurück. Endlich zu Hause! Ich knie mich auf den Boden mitten in meinem Wohnzimmer, strecke die gefalteten Hände gen Himmel und danke unter Tränen der Erleichterung und Erschöpfung Gott.

Der beste Arzt der Welt

An meinem 22. Geburtstag lag ich in der Klinik. Ich hatte einen schweren Depressionsschub. Mein Vater, der sich liebevoll um mich kümmerte, schenkte mir das für mich wichtigste Buch überhaupt: „Der Unfug des Lebens und der Unfug des Sterbens" von Prentice Mulford. An diesem Buch hielt ich mich fest: erst las ich es von vorne bis hinten gierig und schnell; dann arbeitete ich es Kapitel für Kapitel durch. Wieder und wieder. Einer meiner Lieblingssätze daraus: „Dann nahm ich eine kleine Minute, mit gar nicht viel drin und herzte sie nach Vergnügen". Das sollte meine größte Lehre sein: im Augenblick zu leben – das Jetzt anzunehmen, wie immer es sich gerade gestaltet. Welch unbändige Kraft mir daraus erwachsen würde sollte ich bald bemerken.

Aus der Klinik entlassen musste ich mich bei einem Arzt vorstellen, der mich einer Therapie zuführen sollte. Dr. O. war eine wichtige Begegnung in meinem Leben. Er hatte leider (wobei „leider" nicht das beschreibt, w i e traurig ich war, nicht bei ihm eine Therapie machen zu können) nur zehn Stunden für mich zur Verfügung. Ich würde zur Weiterbehandlung einem entsprechenden Arzt zugewiesen.

Diese zehn Stunden haben mein Leben maßgeblich beeinflusst. Das kann ich heute im Rückblick mit Gewissheit sagen.

Wir waren dabei, gemeinsam herauszufinden, welchen beruflichen Weg ich denn nun einschlagen wolle, worauf mir gar nichts Rechtes einfallen wollte. Da gab er mir einen Stift in die Hand mit den Worten: „Dies, liebe Ingrid, ist ein Zauberstab einer ganz lieben Fee. Er ermöglicht dir, deinen größten Wunsch zu erfüllen." Und so platzte sozusagen aus meinem Inneren ein so gewagter, großer Wunsch hervor, den ich mich normalerweise nie getraut hätte auszusprechen: „Ich möchte eine Kosmetikpraxis haben!" Dr. O. strahlte übers ganze Gesicht und sagte: „Wunderbar, dann weißt du ja jetzt, was du zu tun hast." Meine Knie wurden weich, denn wie sollte ich jemals eine Ausbildung bezahlen, und wie jemals eine Praxis finanzieren? Das befand sich außerhalb dessen, was ich mir im Moment vorstellen konnte. Dr. O. war unbeirrbar und sagte: „Du erzählst mir bei unserem nächsten Termin, wie du das bewerkstelligen wirst!" Damit war ich entlassen.

Mein Respekt und meine Liebe zu diesem Arzt waren so groß, dass ich eine Lösung finden musste. Ich ließ mich antreiben von diesem inneren „Muss". Ich stellte alle Sensoren auf Empfang. Ich nutzte unbewusst die Macht der Imagination. Ich stellte mir meine Kosmetikpraxis vor und wie ich mit weißem Kittel strahlend meine Kundinnen begrüßte. Nichts anderes hatte mehr Platz in meinem Denken.

Da sah ich zum ersten Mal ein Taxi fahren in München. Ich meine, das erste Mal bewusst. Und da wusste ich es: ich würde den Taxischein machen (bei meinem originellen Orientierungssinn eine gewagte Idee). In der Zeitung fand ich jede Menge Angebote für Fahrer, sogar der Schein würde einem bezahlt. Na, das war es doch. Ich verabredete einen Termin mit einem der Taxiunternehmer (ich wählte mittels des Kinderreimes „Eene, meene, miste" eine Anzeige aus) und bekam sofort alle notwendigen Informationen und Ausbildungstermine.

Mit welchem Stolz ich beim nächsten Besuch bei Dr. O. den Ausbildungsschein vorzeigte kann man sich vielleicht vorstellen. Er war des Lobes voll und bestärkte mich in meinem Vorhaben. Er sagte nicht: „Wie willst du das denn durchhalten? Das dauert ja Monate, wenn nicht Jahre, bis du das Geld hereingefahren hast, das du für eine Kosmetikausbildung und eine Praxis brauchst" - nein, das sagte er nicht, „mein" wunderbarer Dr. O. Das sagten nur die „wohlmeinenden Freunde" von damals, die mich wohl vor etwas Schlimmem schützen wollten. Diese Erfahrung sollte ich später noch öfter machen.

So machte ich mich auf den Weg auf meiner Wunsch-Ziel-Geraden. Ich besorgte mir Butterbrotpapier und den Stadtplan Münchens und pauste alle größeren Straßen ab. Ich zeichnete immer und immer wieder die Straßen nach, trug die Straßennamen ein und lernte auf meine eigenwillige Art des Rhythmus: ich machte einen

Singsang aus den Orten rund um München (ja, die musste ich auch lernen), die ich mir dadurch einprägte. Ebenso Polizeistationen, Krankenhäuser, alle großen Hotels, Freizeitangebote, öffentliche Gebäude, Attraktionen usw. usf. Es gab noch kein Navi. Heute wäre es eine Lust für mich, zu „taxeln". Meine „Susi" würde mir den Weg weisen und ich wäre ganz entspannt und könnte mich den netten Fahrgästen widmen. Es war eine echte Herausforderung für mich. München ist zwar bekannt als Millionendorf – aber trotz alledem eine „echte" Großstadt. Es gelang auch nicht allen versierten Männern mit super Orientierungssinn, die Prüfung aufs erste Mal zu bestehen. Vielleicht können Sie sich meine Freude, meinen Stolz, meine Euphorie vorstellen, als ich auf Anhieb bestand und meinen Taxischein in Händen hielt, der „Erlaubnis zur Fahrgastbeförderung" hieß. Natürlich musste ich auch noch Seh- und Reaktionstests absolvieren. Als ich auch das, inklusive einer Befragung durch einen Psychologen, hinter mir hatte, konnte es los gehen.

Zu allererst musste ich den Schein „meinem" Dr. O. zeigen. Der schüttelte mir die Hand, sah mir tief in die Augen und sagte: „Ingrid, du bist ein Gewinner!" Oh, wie dankbar war ich für diese Anerkennung! Doch das größte Geschenk lag wohl in dieser positiven Konditionierung. Was für ein toller Arzt! Ich würde mich mein ganzes Leben lang immer wieder daran messen. Ich wusste es doch jetzt: mir würde alles gelingen, wenn ich es nur fest genug wollte. So, wie mein Papa es mir oft sagte: „Man kann alles, wenn man will."

Dreht man mich einmal um mich selbst herum, weiß ich nicht mehr, wo ich mich befinde. Vielleicht kann ich so meinen „Orientierungssinn", der bei mir so gar nicht heißen dürfte, beschreiben. In der Innenstadt ging's ja ganz gut und zum Flughafen, der früher noch netterweise ganz nah bei München im Ortsteil Riem lag, fand ich ohne Karte. Aber die umliegenden Orte aufsagen, bzw. aufsingen zu können, ist nun einmal etwas anderes, als sie auch mit dem Auto zu finden.

Auch noch beim dreißigsten Fahrgast begrüßte ich diesen mit Augenaufschlag und der Bitte: „Können sie mir helfen und sagen wie ich dort hin komme? Ich fahre heute das erste Mal!" Ich bitte, man möge mir nachträglich diese zugegebenermaßen oft genutzte Notlüge verzeihen.

Eine äußerst unangenehme Erfahrung machte ich mit einem noch dazu besonders netten Fahrgast aus Australien. Dieser wollte vom Flughafen in die Emeran-Straße 70. Ich war ganz glücklich, weil ich sofort wusste, wo diese lag. Ich fuhr also los und als ich die Nr. 70 suchte, brach mir der Schweiß aus. Ich erkannte meinen Fehler: ich war in der St.-Emeramsmühle und diese kurze Straße hat nur ein paar wenige Hausnummern. Ich beichtete, mich wortreich entschuldigend, denn mein Englisch ist geradezu perfekt gegenüber meines Knowhows bzgl. der

Lage der Emeranstraße. Ich suchte im Stadtplan mit zitternden Fingern, fand die gewünschte Straße und nun brach mir der Schweiß noch heftiger aus: die Emeranstraße befindet sich in Feldkirchen, das direkt neben dem Riemer Flughafen liegt. Wie peinlich! Natürlich stellte ich sofort den Taxameter aus und fuhr den immer noch reizenden, geduldigen Gast nach Feldkirchen und in „seine" Straße. Aus dieser Zeit steht immer noch eine Einladung nach Australien aus. Es gibt einfach wundervolle, menschliche Menschen!

Sturm und Drang

Wir sind eine lustige Clique. Melly hat ein quirliges Temperament und hält den wilden Haufen zusammen. Wir treffen uns einmal wöchentlich mittwochs „beim Gangi". Der führt eine Sauna mit Swimmingpool und einer Bar. Hier lassen wir es so richtig krachen und leben unseren Sturm und Drang aus. Gangi ist der geborene Entertainer und heizt die Stimmung auch noch an. Wir jagen uns durchs Wasser, legen einen Saunagang ein und wir Mädels quietschen unter der kalten Dusche. Dann treffen wir uns beim obligatorischen Weißbier an der Bar und lachen über Gangis Witze. Wir haben eine Menge Spaß beim Würfeln und sind unüberhörbar. Die Gangi-Sauna ist kein Ort zum Relaxen und Ruhen. Hier fühlt sich nur wohl, wer es laut und lebendig, lustig und ein bisschen wild mag.

Als ich eines Mittwochabends nicht beim Gangi war, klingelte bei mir das Telefon und ein gewisser Sepp meldete sich. Er hätte die Telefonnummer von Melly und er wolle sich mal mit mir treffen. Ich staunte nicht schlecht, denn ich kannte keinen Sepp und mir war auch nicht bekannt, dass ein Neuer zu unserer Clique dazu gekommen wäre. Ich schrieb mir seine Telefonnummer auf und versprach ihm, mich wieder bei ihm zu melden. Das musste ich erst mal mit Melly besprechen, was das für ein Typ war.

Als ich Melly darüber ausfragte, lachte sie, als sie mir die Story von Sepp in der Gangi-Sauna erzählte. Sie hing am Beckenrand und schlürfte an ihrem Cocktail, als sich ein Typ mit einem überdimensionalen Schnauzbart zu ihr setzte. Er fragte sie, ob heute „die Rote" nicht da sei. Melly witterte eine Menge Spaß und stellte sich dumm. „Welche Rote denn?", fragte sie und widmete sich wieder ihrem Getränk. „Na, die Langhaarige, die sonst immer dabei ist", versuchte Sepp ihr auf die Sprünge zu helfen. „Hmmm, weiß auch nicht", gab sie gedehnt zurück. Natürlich hatte sie längst gemerkt, dass der Typ Feuer gefangen hatte. Sie betrachtete ihn und überlegte, ob er zu mir passen würde. Na, immerhin hatte er eine gute Figur, direkt athletisch durchtrainiert. Und sympathisch fand sie ihn auch. Er stellte sich Melly als Sepp vor und fragte sie, ob sie die Telefonnummer von der schönen Roten hätte. „Ja klar!" antwortete sie ihm, zog sich aus dem Wasser und entschwand in Richtung Sauna. Sepp blieb ihr auf den Fersen. „Richtig lästig wurde er", berichtete Melly mir. Wir kicherten beide und ich wurde neugierig: „Und wie ging's weiter?", wollte ich wissen. Melly erzählte: „Er folgte mir überall hin und als ich an der Bar saß, legte er einen Zettel und einen Stift vor mich auf den Tresen und sagte: „Jetzt schreib schon auf!" Und als ich endlich nachgab und ihm deine Nummer aufschrieb, sah man nur noch einen geölten Blitz und weg war er!" Wir recherchierten die Zeit und wir mussten noch mehr lachen, als wir merkten, wie schnell er nach seinem Abgang aus der Gangi-Sauna bei mir angerufen hatte.

Beim nächsten Mittwochstreff war ich wieder dabei und dort konnte ich diesen Sepp nun auch persönlich kennen lernen. Unsere erste Begegnung war allerdings mehr als peinlich. Nach dem Saunagang ging ich gerne auf die Terrasse im Freien und machte in einer abgelegenen Ecke ein paar Yoga-Übungen. Sepp hatte mich wohl schon beobachtet und kam mir nach. Gerade als ich auf dem Kopf stand, kam er zu mir und fragte mich, ob ich das immer so machen würde. Hochroten Kopfes kam ich aus der peinlichen Haltung auf die Füße. Nacktsein ist ja in der Sauna nichts ungewöhnliches, aber nackt auf dem Kopf steht normalerweise niemand. Ich strafte ihn mit Nichtachtung an diesem Abend. Aber er ließ nicht locker und so gab ich schließlich nach und verabredete mich mit ihm.

Er war sympathisch und punktete mit seiner Aufmerksamkeit und seinem Charme. Als er mich nach meiner bestandenen Ausbilder-Prüfung vor der IHK abholte und zum Weißwurst-Essen einlud, fiel ich ihm euphorisch um den Hals. Nun war endlich das Eis gebrochen und wir „gingen miteinander".

Sepp machte mir bald einen Heiratsantrag, ganz stilvoll im Drehrestaurant des Olympiaturms. Schon einige Wochen später zog ich zu ihm in sein Einzimmerappartement, weil wir Geld für die anstehende Hochzeit sparen wollten. Es war nicht leicht für mich, meine wilde Zeit hinter mir zu lassen, mein „open house" in der Hamburger Straße, wo sich fast jeden Abend ein Haufen junger Wilder trafen, zu schließen und mir vorzustellen, als „brave Ehefrau" zu leben. Aber mein Wunsch, zu heiraten und eine Familie zu gründen, war groß und so nahm ich Sepps Antrag freudig an.

Wir heirateten unkonventionell in Jeans und Cowboystiefeln. Ich trug einen kleinen weißen Hut mit einem Schleier und mein feuerrotes Haar leuchtete darunter in der Sonne. Mein Vater wollte auf seiner Querflöte zur Zeremonie spielen und ich fragte den Standesbeamten, wann wir das einplanen könnten. Die Antwort war wohl passend zu unserem unüblichen Aufzug, denn auch alle Gäste kamen in Jeans, als er sagte: „Nicht erlaubt sind politische Lieder oder Protest-Songs!" Wir mussten lachen. Nein, das hatte mein Vater nicht vor. Er spielte etwas aus den Salzburger Sinfonien von Mozart.

Wir feierten im Gasthaus „Emeramsmühle" in der Straße, in die ich damals meinen australischen Fahrgast unfreiwillig mit dem Taxi gefahren hatte, und genossen das herrliche Sommerwetter auf einem kleinen Spaziergang an der Isar. Es war ein ausgelassenes Fest mit der Taufe unseres neuen Autos. Wir hatten günstig einen weißen Jetta bekommen und schlugen wegen des knappen Budgets zu. Es war das hässlichste Auto, das ich je fuhr. Wir tauften ihn auf den Namen Otto und mit dem Blumenschmuck sah er sogar ganz passabel aus.

Wir bekamen so viele Blumen geschenkt, dass ich in dem engen Appartement gar nicht wusste wohin mit all der Pracht. Es verteilten sich Vasen und Kübel im ganzen Raum und wir lagen im Bett wie in einer Gruft. Der Wunsch nach mehr Platz wurde jetzt übermächtig. Wir suchten ja schon länger nach einer größeren Wohnung oder nach einem kleinen Häuschen, aber es war mehr als schwierig, etwas Passendes zu finden. Wir sollten uns noch ein paar Monate gedulden und uns mit dem einen Zimmer arrangieren müssen.

Als wir endlich an einem verregneten Novembertag in einem schmalen Reihenhaus in Trudering bei einer total netten Familie saßen, die Nachmieter suchte, fieberten wir, ob wir den Zuschlag bekämen. Das Haus war jung und unkompliziert eingerichtet mit Ikeamöbeln und in jedem Zimmer waren verschiedene, teils sehr bunte Tapeten an den Wänden und witzige Rollos vor den Fenstern. Das nahm etwas von der Spießigkeit des Reihenhauses. Ganz nach meinem Geschmack! „Leider kommen Sie als Nachmieter nicht in Frage", sagte die junge Frau bedauernd, „weil wir wollen, dass eine Familie mit Kindern dieses Haus bekommt." Mir fiel das Herz in die Hose, aber aufgeben kam nicht infrage. Mit einem Tritt unter dem Tisch gegen das Schienbein meines Mannes erwiderte ich geistesgegenwärtig: „Das ist es ja gera-

de, wir müssen den Umzug bald machen, denn hoch-
schwanger ist das ja dann viel zu beschwerlich." Fast
überschwänglich reagierte die Frau, dass sie sich freue,
dass wir ein Kind erwarteten und dass wir dann selbstverständlich gerne das Haus übernehmen könnten. Per
Handschlag wurde alles vereinbart und ich hüpfte glücklich und übermütig herum, als wir wieder auf der Straße
waren. „I'm singing in the rain", trällerte ich. „Dürfte ich
vielleicht zuerst erfahren, dass wir ein Kind bekommen?", zischte mich Sepp angesäuert an. Ich musste lachen und konnte kaum sprechen als ich ihm erklärte, dass
ich jetzt aber schnell schwanger werden müsse, um dem
Wunsch der Vormieter nachzukommen.

Im siebten Himmel

Überglücklich zogen wir in das bunt tapezierte Haus. Die Rollos hatten unsere Vormieter nicht mitgenommen und ich freute mich, dass ich keine Vorhänge brauchte. Vorhänge mochte ich noch nie leiden. Das Haus sah von außen mit den verschiedenen, heruntergezogenen Rollos, durch die das Licht schien, richtig lustig aus und erinnerte mich an die Villa Kunterbunt von Pippi Langstrumpf.

Im ersten Stock gab es ein kleines Zimmer, das ich wegen der blauen Tapete mit weißen Wölkchen das Wolkenzimmer nannte, in dem ich meine erste Kosmetikpraxis einrichtete. Meine ersten Kundinnen wussten gar nicht, wie ihnen geschah, so viele Extrabehandlungen ließ ich ihnen angedeihen. Ich war überglücklich, nach bestandener Prüfung und einem Praktikum in der Kosmetikpraxis meiner Lehrerin, endlich die ersten eigenen Kundinnen behandeln zu können. Meine Lehrerin hielt mich einmal an beiden Händen, schwieg eine Zeitlang während sie mir in die Augen sah und sagte dann: „Ingrid, mein Mädchen, aus dir wird mal was. Du hast eine besondere Begabung für Menschen. Mach was draus!" Das gab mir den nötigen Mut, sofort selbständig, mit eigener Praxis zu beginnen. Und sie sollte recht behalten: später würde ich zusätzlich eine Heilpraktiker-Praxis haben und Seminare halten.

Es folgte eine ausgelassene, glückliche Zeit. Manchmal wurden mir die vielen sportlichen und kulturellen Aktivitäten, zu denen mich Sepp einlud, zu viel, aber von meinen Freundinnen wurde ich glühend beneidet, weil mein Mann so viel mit mir unternahm. Oft plante er sogar kombinierte Aktionen, wie Rollschuhfahren zu einem Biergarten, in dem Jazz gespielt wurde, dann beim Rückweg noch ein Besuch im Kino, einen Rucksack mit Straßenschuhen hatten wir vorsorglich dabei.

Und dann war es soweit: ich war schwanger. Ich fuhr mit heruntergelassenem Autofenster vom Frauenarzt ins Geschäft meines Mannes laut singend und jubelnd: „Ich bekomme ein Baby, ich bekomme ein Baby!" Alle Welt sollte es wissen und sich mit mir freuen! Und so stürmte ich auch in den Laden: „Sepp, wir bekommen ein Baby!" Alle Kunden und Angestellten blickten mir einen Moment lang mit offenem Mund entgegen. Dann erst erholten sich alle von meinem überschwänglichen Auftritt und gratulierten meinem Mann und mir.

Ich warte auf mein Kind

Ich freue mich sehr, dass das Wunschkind sich nun entschlossen hat, zu uns zu kommen.

Mein Bauch wächst schnell zu einer nicht zu übersehenden Kugel. Ich will auch aller Welt zeigen, dass ich schwanger bin. Vielleicht habe ich deshalb einen so dicken Bauch, dass sogar der Arzt meint, es könnten Zwillinge sein. Manchmal könne man den zweiten Herzton nicht gleich hören, meint er auf meine verwunderte Nachfrage.

Ich erinnere mich an eine besonders lustige Begebenheit in der U-Bahn-Station. Ich stand auf dem Bahnsteig und wartete auf die nächste Bahn. Ich mache ab und zu mit mir selbst eine Wette, ob ich direkt vor der Tür stehe, wenn der Zug hält. Und diesmal war es so. Die Tür ging auf und ich stand einer hochschwangeren Frau direkt gegenüber. Wir mussten beide herzlich lachen.

Ich genieße das Schwanger sein. Ich freue mich über die wunderbar bequeme und doch schicke Schwangerschaftsgarderobe, die ich von einer Bekannten bekomme. In diesen speziellen Kleidern komme ich mir noch „schwangerer" vor. Im fünften Monat kaufe ich ein Mitbringsel für jemanden im Blumenladen. Die Kunden, die auf die Bedienung warten, meinen unisono, dass ich doch unbedingt sofort bedient werden müsse, weil doch sicher jeden Moment mein Kind kommen würde. Dabei sind es noch Monate hin bis zur Geburt, eine lange Zeit, wie mir später vorkommen sollte.

Anfang meines sechsten Monats gehen Sepp und ich zu einem Fest seines Judo-Sportvereins. Wir lachen, essen, schwatzen und tanzen. Ich fühle mich pudel wohl. Als ich plötzlich beim nächsten Tanz einen furchtbaren Schmerz verspüre, der mich in die Knie zwingt, fahren wir sofort nach Hause und am kommenden Tag zu meinem Gynäkologen. Der diagnostiziert etwas, was ich nicht verstehe und ich werde in die Klinik eingeliefert, sofort aus der Praxis mit dem Krankenwagen. Das fühlt sich bedrohlich an und ich bekomme Angst um mein Kind.

Die Untersuchungen in der Klinik ergeben eine Symphysen-Dehiszenz und man erklärt mir, dass das eine Überdehnung der Schambeinfuge sei. Da die Gefahr einer Symphysen-Sprengung, das ist das Auseinanderreißen des Beckenrings, bei der Geburt besteht und der Schmerz beim Gehen sehr stark ist, wird mir strikte Bettruhe verordnet. Ich soll also bis zur Geburt meines Kindes liegen. Wie soll ich das denn aushalten? Das sind ja noch drei Monate!

Es waren lange drei Monate. Drei Monate bis das Kind kam und nochmal ein Monat, bis ich wieder laufen konnte. Sie kamen mir vor wie Jahre. Ich lag in der Klinik Dr. Matuschek in der Nähe der Oktoberfestwiese. Ich schaute durchs Klinikfenster auf eine graue Wand ohne

Fenster. Diese Wand wurde mit jeder Woche grauer. Und sie rückte mit jeder Woche näher. Ich wurde fast verrückt. Und dann der Zirkus mit der Bettschüssel. Das ist ja unter normalen Umständen schon ein Akt, aber mit meinem dicken Bauch auf der Schüssel im Bett zu balancieren war furchtbar. Und dann wurde ich auf meinem „Thron" von den Schwestern noch liebevoll gehänselt und „Königin Mutter" genannt. Es fiel mir nicht leicht, gute Miene zu diesem Spiel zu machen. So gar keine Intimsphäre mehr zu haben traf mich hart.

Sepp ist ein liebevoller werdender Vater. Er besucht mich jeden Tag nach der Arbeit. Manchmal schafft jedoch auch er es nicht, mich zu trösten. Ich lese viel, schreibe Tagebuch und höre über Kopfhörer klassische Musik.

Der Klinikalltag ist auch nicht dazu angetan, mich zu erholen. Früh morgens, wenn ich eigentlich noch schlafen möchte, kommt die Nachtschwester, um nochmal nach dem Rechten zu sehen. Sie wird kurz darauf von der Tagesschwester abgelöst, die dann mit Wasserschüssel, Zahnputzbecher, Waschlappen und Handtuch bewaffnet zu mir kommt und mir hilft, mich im Bett zu waschen.

Sobald ich sauber bin, kommt der Boden dran. Die Putzfrau ist nett und laut. Sie wischt die Böden, wobei sie die Stühle und Betten unsanft hin und her schiebt.

Zum Frühstück erschallt dann Bayern 3 aus dem Radio, was wirklich nicht meine Lieblingsmusik ist, aber die Bettnachbarin meint, die Stille könne sie nicht ertragen. Darum hören wir stündlich Nachrichten und halbstündlich Verkehrsfunk. Das ist sehr sinnvoll, wenn man in der Klinik liegt! Ich bin sauer, wage aber nicht, mich zu beschweren.

Ich sehe auch viele Frauen kommen und wieder heimgehen, während ich immer noch auf mein Kind warte und nicht aufstehen kann.

Eines Tages wird eine ganz junge Frau ins Zimmer geschoben. Sie sieht ziemlich fertig aus. Später erzählt sie mir, dass sie in Holland war und dort ihr Kind habe abtreiben lassen und jetzt gehe es ihr schlecht. Oh mein Gott, warum legen die uns hier nebeneinander? Sie weint auch jedes Mal, wenn sie meinen dicken Bauch sieht. Und auch ich fühle mich schrecklich.

Nach zwei Monaten kriege ich einen Klinikkoller. Ich kann nicht aufhören zu weinen. Ich werde hysterisch! Ich bekomme ein Beruhigungsmittel und sofort habe ich ein schlechtes Gewissen, weil ich um mein Baby bange. Ich versuche mich mit autogenem Training zu befassen, mit Meditation und Mind Control à la José Silva. Und ich schaffe es, die Krise zu überwinden und mich wieder auf meine Freude auf Daniel zu konzentrieren. Ja, ich spüre, dass es Daniel ist, da in meinem Bauch. Ab und zu sage ich: „Wenn du Sarah bist, entschuldige bitte, ich habe dich genauso lieb. Aber ich glaube einfach, dass du Daniel bist."

Laureen besucht mich und ist ganz entzückt, was diese Privatklinik alles zu bieten hat. Sie zählt ganz begeistert auf, was ich alles machen könne: „Da gehst du doch mal runter zum Friseur, der sieht gut aus und da lässt du dich mal so richtig verwöhnen. Und die Cafeteria unten ist auch total süß!" Sie kann sich einfach nicht vorstellen, dass ich nicht aufstehen darf und nichts von diesen Annehmlichkeiten nutzen kann. Aber sie bringt mir so viel Leben von draußen mit, erzählt von den Mädels und schafft es mit ihrem Charme und ihrer Lebendigkeit, mich total aufzuheitern. Sie ist so ein Schatz. Ich fühle mich wirklich erfrischt und wieder zuversichtlich.

Ich habe noch drei Wochen bis zum errechneten Geburtstermin. Ich frage die Schwester, ob sie mir sicher ein Mutter-Kind-Zimmer geben kann, wenn ich entbunden habe. Da ich weiß, dass ich nach der Geburt noch werde liegen müssen, bis mein Schambein geheilt ist und ich wieder laufen kann, ist mir das sehr, sehr wichtig. Sie versucht, mich zu beruhigen, dass sich das dann sicher finden würde. Aber damit gebe ich mich nicht zufrieden. Ich will das fest zugesagt bekommen. Als ich mit dem behandelnden Arzt spreche, vertröstet der mich auch. Das könne man im Voraus nicht zusagen, es käme auf die Umstände an usw. Ich weiß, es gibt nur eine begrenzte Anzahl an Mutter-Kind-Zimmern hier.

Daraufhin rufe ich in der Klinik Grosshadern an und frage, ob ich dort entbinden könne und danach sicher ein Mutter-Kind-Zimmer bekäme. Ich hörte bis dato nur Gutes von dieser Klinik und so will ich dorthin umziehen. Man sichert mir zu, dass es absolut kein Problem sei und ich frage, was ich tun müsse, um nach Grosshadern transportiert zu werden. Sie leiten alles in die Wege und so werde ich vom Krankenwagen abgeholt, was sehr missbilligend von den Schwestern und dem Arzt kommentiert wird. Ein Arzt meint, ob ich eine goldene Kloschüssel wünsche. So ein Quatsch! Ich will nur nicht wochenlang in getrennten Zimmern liegen, wenn mein Kind da ist.

Die Fahrt im Krankenwagen genieße ich jedenfalls. Allein schon der Abwechslung wegen. Ich sehe zwar nur die Baumkronen und den Himmel, da die Fenster bis weit oben zugeklebt sind. Aber ich sehe etwas anderes als die graue Mauer.

Ich bin selig! Ich komme in ein Zimmer hoch oben, ich glaube, es ist der fünfte Stock. Ich bekomme einen Platz am Fenster und der Blick geht hinaus in einen Park. Was für eine gute Entscheidung! Ich erhole mich zusehends, fühle mich mit jedem Tag besser und freue mich jetzt wirklich sehr auf mein Kind. Sepp ist glücklich, dass ich es hier so viel schöner habe. Und es gibt noch eine sensationell große Erleichterung für mich: ich bekomme Krücken und darf damit bis zur Toilette gehen. Ich darf nur nicht die Füße einzeln aufstellen, muss immer schön mit geschlossenen Beinen auf beiden Füssen landen. Das hab ich schnell raus und freue mich über meinen erweiterten Aktionsradius und vor allem die zurückgewonnene Intimsphäre. Das Thema Bettschüssel ist damit überwunden. Welch ein Geschenk! Ich muss über mich selbst lachen, weil ich mich darüber so freuen kann.

Die Geburt

Die Geburt war schwer und dauerte 34 Stunden. Starke Wehen quälten mich, der Rücken tat mir weh. Nach zwölf Stunden ging das Fruchtwasser ab und der Arzt sagte, dass nun die Geburt losgehen würde. „Was? Ich bin ja schon ganz erschöpft!", konterte ich schwach. Nach weiteren zwölf Stunden bekam ich endlich eine PDA (Periduralanästhesie), eine Betäubung des Unterleibs. Sepp war fast die ganze Zeit bei mir. Als die Schwester am nächsten Tag wieder zu ihrem Dienst kam und Sepp auf dem Gang sich die Beine vertreten sah, fragte sie ihn, was er denn noch hier wolle. „Warten auf unser Kind", antwortete er. Sie konnte gar nicht glauben, dass ich immer noch nicht entbunden hatte. Sie war dann dabei, als Daniel das Licht der Welt erblickte. Der diensthabende Arzt sagte um kurz vor zwölf: „Also, wenn du jetzt nicht raus kommst, gehe ich zum Mittagessen." Essen war wohl das richtige Stichwort für Daniel, denn um Punkt zwölf, quasi mit dem Glockenschlag, entschloss er sich, auf die Welt zu kommen. Ich begrüßte

mein Kind mit den Worten: „Da bist du ja endlich, mein
Daniel" und mit Blick auf seine Händchen: „Da müssen
wir ja gleich Fingernägel schneiden!" Alle lachten herzlich und ich hatte mich als Vollblutkosmetikerin geoutet.

Mir wurde noch vier Wochen strenge Bettruhe verordnet und ich musste einen Beckenring zum Stabilisie-
ren des Schambeins tragen. Ich erholte mich jedoch zusehends, genoss die Zeit mit meinem Sohn im Mutter-
Kind-Zimmer und wir konnten das Stillen üben, bis es
gut funktionierte.

Als wir nach Hause kamen, hatte ich ein ganz eigen-
artiges Gefühl, so als wäre ich Jahre weggewesen. Alles
war noch sehr beschwerlich, da ich noch immer nur mit
Krücken gehen konnte. Ich gewöhnte mir an, Daniel in
ein Tuch zu wickeln und ihn mit den Zähnen zu tragen,
bis ich wieder normal gehen konnte. Aber es war schön,
wieder daheim zu sein, im eigenen Bett zu schlafen und
vor allem, wieder in den Armen von Sepp liegen zu können.

Daniel schreit

Er schreit die ganze Nacht, immer wieder, und tagsüber, immer wieder. Schlaf ist inzwischen ein Fremdwort für mich. Meine Nerven liegen blank. Ich drehe fast durch, kann es nicht mehr aushalten, renne in den Keller, nehme den Gartenschlauch und schlage auf die dort unten abgestellte Gartenbank ein.

Ich möchte Daniel helfen. Weiß nicht wie, weiß nicht, was er hat, was ihm fehlt. Und der Arzt weiß es auch nicht. Ich stille ihn alle drei Stunden, wickle ihn nach jedem Stillen. Beim Wickeln schreit er besonders – ja, er brüllt! Ich bin verzweifelt. Ich bekomme Angst, als ich mich bei dem Gedanken ertappe, das Kind mittels eines Kissens ruhig stellen zu wollen. Mein Gott, hilf mir, dass ich nicht etwas Furchtbares anstelle.

Am nächsten Tag erinnere ich mich an einen Zettel, den ich vor Wochen im Briefkasten gefunden und aufgehoben hatte:

„Greifen Sie zum Hörer – nicht zu Ihrem Kind" - eine Hilfe für „schlagende Eltern". Ich krame den Zettel heraus und rufe die dort angegebene Telefonnummer an, irgendeine soziale Einrichtung. Ich habe das schreiende Kind auf dem Arm.

Ich schreie nun ebenfalls: „Helfen sie mir. Ich kann nicht mehr. Ich habe Angst, durchzudrehen", und dann nenne ich noch meine Adresse und meine Telefonnummer.

Die Frau am anderen Ende der Leitung redet beruhigend auf mich ein: „Bleiben Sie am Hörer, es ist jemand zu Ihnen unterwegs. Sie bekommen Hilfe!"

Nur wenige Minuten später klingelt es an der Haustür (wie haben die das nur so schnell geschafft?). Eine resolute, fürsorgliche Frau nimmt mir das Kind und den Telefonhörer ab, sagt der Dame, die immer noch in der Leitung wartet: „Ich habe das Kind, alles ok" und zu mir: „Sie legen sich jetzt ins Bett und schlafen! Sie können so lange schlafen, wie Sie möchten. Ihr Kind nehme ich mit. Es ist gut aufgehoben bei uns. Ihren Mann verständigen wir."

Verwirrt aber dankbar lege ich mich mit meinen Kleidern ins Bett, ich schaffe es einfach nicht mehr, mich auszuziehen. Ein krampfhaftes Schluchzen schüttelt mich. Ich bin vollkommen fertig. Ich weine mich in den Schlaf. Endlich, endlich schlafen, nur schlafen. Ruhe, schlafen, nichts mehr hören, nichts mehr denken.

Ich wache auf, es ist hell, weiß nicht, wie spät es ist, welcher Tag. Mein T-Shirt und mein Pulli sind nass, die Milch ist übergelaufen.

Ich habe einen Tag, eine Nacht und nochmal einen halben Tag geschlafen. Ich kann mich nicht einmal erinnern, auf der Toilette gewesen zu sein.

Und sofort habe ich Sehnsucht nach meinem Kind. Und ein furchtbar schlechtes Gewissen. Wo ist mein Sohn? Wem habe ich da einfach mein Kind überlassen?

Ich rufe Sepp im Geschäft an: „Hallo, Schatz, ich bin gerade aufgewacht, weißt du, wo Daniel ist?" „Ja, Maus", sagt er, „er ist gut untergebracht. Nimm dir doch noch Zeit für dich. Du warst ja völlig am Ende." Das ist mein Mann. Er ist so fürsorglich und liebevoll. Ich rufe die Telefonnummer von dem rettenden Zettel an und sage, dass ich wieder ok bin. Ich kann mein Kind ganz in der Nähe abholen.

Man rät mir, dringend mein Kind untersuchen zu lassen. Es hat sicher Schmerzen. Ja, das habe ich doch schon. Es ergab keinen Befund.

Ich gehe wieder zum Arzt. Diesmal dränge ich auf weitere Untersuchungen. Wir werden nun zum ersten Mal in die Klinik eingewiesen. Noch ahne ich nicht, dass das Krankenhaus für die nächsten Jahre unser zweites zu Hause sein wird.

Es folgen Untersuchungen wie Ultraschall, Röntgen und endlich das CT.

Kein Befund! Es ist zum wahnsinnig werden. Wir werden nach Hause geschickt, mit Medikamenten gegen die Schmerzen.

Ich versuche, Daniel so wenig wie möglich von dem chemischen Zeug zu geben, aber doch so viel, dass ein einigermaßen „normales" Leben möglich ist.

Dann passiert etwas Unheimliches: Daniel sitzt auf dem Boden und spielt, (er kann mit eineinhalb Jahren noch nicht laufen), fällt auf einmal um und bewegt sich nicht mehr. Er schreit auch nicht. Das ist wohl das Erschreckendste für mich in diesem Moment. Als ich ihn aufhebe merke ich, dass Arme und Beine schlaff herunterhängen. Keinerlei Muskelspannung. Ich bin fassungslos. Rase los zum Kinderarzt ein paar Straßen weiter. Wieder Einweisung in die Klinik. Diesmal sofort in den Kernspin. Ich bin immer bei Daniel, rede ihm ununterbrochen gut zu, dass er still halten muss, er ist ja sooo tapfer! Nach der Untersuchung dauert es endlose Stunden, bis die Aufnahmen ausgewertet sind.

Inzwischen ist Sepp in die Klinik gekommen und wartet mit uns auf das Ergebnis. Daniel sitzt in seinem Bettchen und strahlt seinen Papi an, so als wäre es das normalste von der Welt, hier im Krankenhaus zu sein.

Eine Ärztin kommt auf uns zu. Ihre Miene verrät nichts Gutes. Ich stehe auf und strecke ihr aufgeregt die Hand hin: „Was ist mit Daniel?" Sie antwortet: „Kommen Sie bitte mit hinaus und setzen Sie sich, Frau Berger, setzen Sie sich." Ich will mich nicht setzen und dränge: „Sagen Sie es doch, was ist es denn?" Sie spricht nun eindringlich: „Wirklich, setzen Sie sich bitte, Frau

Berger, Sie müssen jetzt stark sein." Oh mein Gott. Ich gerate in Panik. Frau Dr. O. sagt die Diagnose, in Arztsprache. Ich verstehe kein Wort. „Würden Sie das bitte übersetzen?" erwidere ich leicht aggressiv. Meine Nerven sind zum Zerreißen gespannt. „Es ist eine Zyste im Gehirn, und diese drückt auf das motorische Zentrum. Wir müssen sofort operieren!"

Es klingt irgendwie unwirklich. Ich glaube nicht, dass ich das gerade erlebe. Ich glaube nicht, dass mein Kind, unser Kind so schwer krank ist. Es muss ein Versehen sein. Sicher wache ich gleich auf, aus diesem schrecklichen Traum. Sepp drückt meine Hand, er ist kreidebleich.

Was bedeutet das? Wie sieht so eine Operation aus? Was kann dabei passieren? Diese Gedanken rasen durch meinen Kopf. Die Anspannung ist unerträglich, ich werfe mich an die Brust von Sepp und endlich stürzen die erlösenden Tränen aus meinen Augen.

Es folgen Untersuchungen, Blutabnahmen, Gespräche, Anamnese, und alles erträgt Daniel mit fast stoischer Ruhe und, wie mir scheint, Gelassenheit. Vielleicht spürt er, dass er dringend Hilfe braucht und ist froh, dass endlich etwas passiert. Ich bekomme auf mein Drängen hin ein Mutter-Kind-Zimmer (man hätte mich schon raustragen müssen, bevor ich mein Kind im Krankenhaus alleine gelassen hätte) und Sepp notiert sich, was wir alles brauchen. Er will es zusammenpacken und am nächsten

Morgen vor der Arbeit vorbeibringen. Er ist ein Schatz und behält auch jetzt noch die Nerven. Was hat dieser Mann mit mir schon durchgestanden! Ohne ihn würde ich das jetzt nicht überstehen wollen.

Am kommenden Tag gibt es weitere Untersuchungen. Ich habe tatsächlich geschlafen und bin heute zuversichtlicher als gestern. Die Operation wird auf den nächsten Tag angesetzt. Es müssen noch einige Werte geprüft werden. Daniel darf mit mir in die Besucherstraße der Klinik gehen. Hier gibt es einen Kiosk, eine kleine Cafeteria und einen Getränke- und Kaffeautomaten.

Daniel ist entzückt, dass aus dem Automaten Kakao in seinen Becher fließt. Wie der kleine Kerl sich freuen kann. Er ist in null Komma nichts der Sonnenschein der ganzen Station. Daniel spricht ganz unbefangen alle Schwestern und Ärzte an. Er ist voller Vertrauen, obwohl er schon so viele Stiche in seine kleinen Ärmchen aushalten musste und immer wieder das ohrenbetäubende Klopfen in der dunklen Röhre.

Der Tag zieht sich wie Kaugummi. Die Visite bringt auch keine Neuigkeiten. Ich versuche alles, um nicht meine gedrückte Stimmung auf Daniel zu übertragen. Wir singen und lesen zum dreitausendsiebenhundertsiebzigsten Mal die Geschichte von Janosch: „Ich mach dich gesund, sagte der kleine Bär zum kleinen Tiger und legte sich zu ihm, denn das macht gesund."

Am Abend kommt der Papi, und Daniel strahlt übers ganze Gesicht. Die beiden haben wirklich einen ganz besonderen Draht zueinander.

Eine Schwester kommt und rasiert meinem kleinen Schatz das Köpfchen kahl. Der Anblick schmerzt. Es wird ein Anblick sein, an den ich mich werde gewöhnen müssen. Aber jetzt, das erste Mal, ist es furchtbar. Die Lektion für mich ist allerdings, dass Daniel das gar nichts ausmacht. Er fährt sich mit der Hand über den kahlen Schädel und freut sich, wie glatt sich das anfühlt. Ich glaube manchmal, Daniel ist mir haushoch überlegen. Er nimmt die Situation so, wie sie ist: Er schreit, wenn es wehtut, und lacht im nächsten Augenblick, weil etwas lustig ist. Er denkt auch nicht darüber nach, was noch alles auf ihn zukommt. Wir Eltern dafür umso mehr. Ich versuche immer wieder mehr Informationen aus den Ärzten herauszubekommen. Ich möchte von ihnen hören, dass es keine schlimme OP ist, alles nur Routine, und dass danach alles gut ist. Das jedoch bekomme ich nicht zu hören, wie auch.

Operation am offenen Schädel

Ich reiße mich zusammen und erzähle Daniel: „Jetzt wirst du gleich einschlafen. Ich begleite dich. Dann machen die Ärzte dich gesund. Sie tun alles weg, was da nicht reingehört in deinen Kopf. Jetzt gibt's einen kleinen Pieks in den Arm, dann läuft Flüssigkeit in deine Adern, die dich ganz müde macht. So kannst du davon träumen, wie du wieder ganz gesund bist."

Ich bin wirklich tapfer und kann meine positive Erwartung auf Daniel übertragen. Ich laufe neben der Trage her, als Daniel in den Operationssaal gefahren wird. Ich darf sogar mit in den Vorraum des OPs. Dann küsse ich meinen kleinen Sohn und übergebe ihn in die Hände der Ärzte.

Die Tür schließt sich und ich stehe draußen. Mit meinen Gedanken, meinen Sorgen, meinen Befürchtungen, meiner Angst. Ja, ich habe Angst und schlimme Vorstellungen davon, wie sie meinem kleinen Kind den Schädel aufsägen. Schrecklich! Es sind schon zwei Stunden vergangen. Ich stehe immer noch regungslos vor dem OP. Eine Schwester sagt mir, dass es noch dauern werde. Ich solle einen Kaffee trinken gehen oder versuchen zu schlafen. Ich gehe in die Krankenhauskapelle. Da liegt ein großes dickes Buch, in das schon viele Patienten ihren Kummer, aber auch ihre Dankbarkeit für die Genesung hineingeschrieben haben. Ich schreibe meine ganze Wut hinein: „Warum mein Sohn? Warum er, der niemandem jemals etwas zu Leide getan hat? Warum muss ein so wonniges Geschöpf so leiden? Warum habe nicht ich diese Krankheit, sondern mein Kind?" Wütend schreibe ich mich in Rage: „Wo bist Du Gott? Warum lässt Du das zu?" Ich gehe vor zum Altar und schimpfe zum Kreuz Jesu hoch: „Ich dachte, Du hättest uns erlöst?

Ist da mein Sohn nicht inbegriffen? Muss er so leiden wie Du? Warum, warum, warum???"

Ein Priester kommt herein und fasst mich sachte am Arm. „Ich führe sie wohin, wo sie schreien und weinen können. Ja, kommen sie, liebe Frau."

Ich lasse mich widerstandslos in einen abgesonderten Raum führen. Er ist fast leer. Auch hier steht ein Kreuz. Aber ich kann nicht mehr schreien. Nur heftiges Schluchzen schüttelt mich. Die Verzweiflung packt mich wie eine kalte Hand mit hartem Klammergriff.

Die Zeit tröpfelt dahin. Jede Stunde frage ich nach, ob Daniel schon auf Intensiv ist. Geduldig trösten mich die Schwestern: „Nein, er ist noch im OP."

„Ist das normal, dass es so lange dauert? Ist etwas Unerwartetes passiert?" Die Schwester kann mir keine Auskunft geben.

Dann rufe ich wieder Sepp an und heule ins Telefon. Der wunderbare Mann fängt mich immer wieder auf. Er arbeitet, es fehlt ja schon mein Verdienst, denn natürlich bleibe ich mit Daniel in der Klinik. Meinen Kosmetikkunden habe ich Bescheid gegeben. Sie beten alle für Daniel. Ich selbst bete für die Ärzte, dass sie eine gute, ruhige Hand haben mögen, dass sie alles im Griff haben mögen.

Langsam beruhige ich mich oder ist das einfach nur die lähmende Angst? Ich weiß es nicht. Ich hadere nicht mehr. Ich leiste keinen Widerstand mehr, fange an, mich zu fügen in das Unvermeidliche. Ich bitte nur, flehe, dass alles ein gutes Ende haben möge.

Und dann ist es soweit: ich werde auf die Intensivstation gerufen. Nach sechseinhalb Stunden! Mir wird erklärt, dass die Operation gut verlaufen sei. Man hätte ein Ventil eingebaut, um die überschüssige Gehirnflüssigkeit in den Vorhof des Herzens abzuleiten. Ich verstehe das Ganze nicht. Aber jetzt will ich einfach nur zu meinem Kind.

Oh, mein Gott! Da liegt mein kleiner Schatz, kahl und verkabelt in einem Gitterbettchen. Aus dem Bauch führt ein Schlauch in den Urinbeutel, der am Bett unten hängt (man hatte ihm einen Bauchdeckenkatheder gelegt), und aus dem Kopf wird Wundsekret über Schläuche abgeleitet. In den dünnen Ärmchen stecken dicke Nadeln (mir kommt es so vor) und aus verschiedenen Beuteln tropft es in Daniels Adern. Der Tubus wird ihm gerade herausgenommen. Der Kopf ist über eine ganze Seite mit einer großen, dicken Naht versehen. Das rotbraune Desinfektionsmittel lässt es noch gruseliger aussehen.

Ich weiß eines: ich muss jetzt absolut ruhig bleiben, einfach nur da sein und darauf achten, ob das Gerät, an das Daniel angeschlossen ist, zu piepsen anfängt. Bescheid sagen, wenn ein Beutel leer ist, oder sich sonst irgendeine Auffälligkeit ergibt. Ich darf Daniels Lippen befeuchten und sein Händchen halten. Ich bin nun wirklich ganz ruhig.

Ein Arzt kommt nach Stunden zu mir: „Frau Berger, Sie immer noch hier? Sie dürfen gar nicht so lange hier sein auf der Intensiv." Ich entgegne ganz ruhig und gefasst: „Herr Dr., ich möchte gerne hierbleiben, ich bin ganz ruhig, störe nicht und achte auf Daniel – bitte!" Ich habe in mir die Überzeugung, dass sie mich hier nur raustragen können, von selbst gehe ich nicht. „Ok", erwidert der Arzt, „aber sagen Sie Bescheid, wenn Sie was brauchen, Frau Berger. Mein Sohn wurde gerade am Blinddarm operiert, ich verstehe, was Sie durchmachen." Ich danke Gott und dem Arzt und kann so dabei sein, als Daniel die Augen öffnet. Ganz sacht und leise begrüße ich ihn, sage ihm, dass alles gut wird, ich bei ihm bin und er sich jetzt gesund schlafen kann.

Meine Mutter Mary

Wie viel Wahnsinn verträgt ein Leben? Wie viele furchtbare Geschichten erträgt der Mensch, ohne selbst zu verzweifeln? Und wie viel Verzweiflung kann man mittragen mit jemandem, den man liebt?

Meine Mutter ruft mich an. Ich freue mich, denn das ist selten. Doch die Freude trübt sich sofort, als ich ihre Stimme höre: schwach, tränenerstickt und wie gehetzt. Ich frage: „Mami, was ist mit dir?" Sie antwortet nach einer mir endlos erscheinenden Pause, in der ich mir schon das Schlimmste ausmale: „Ach Kind, ich sterbe bald!" Sie schläft nächtelang nicht, dann hat sie wieder Albträume. Dazu kommt ihre Hypochondrie, die in ihren Briefen an mich zum Ausdruck kommt. Seitenlang befasst sie sich mit ihren Symptomen, beschreibt haarklein, welche Krankheit sie haben muss, obwohl kein Arzt diese je diagnostiziert. Es gibt noch kein Internet in der heutigen Form, sonst würde sie sicher jedes Symptom gegoogelt haben. Sie lag wochenlang in einer Schlafklinik. Mittels Medikamenten wurde sie „schlafen gelegt". Als sie entlassen wurde, konnte sie immer noch nicht schlafen. Bei ihrem letzten Besuch konnte ich sehen, was Schlaflosigkeit mit einem Menschen anrichtet: meine wunderschöne, feurige, energiegeladene Mama war zusammengesunken, buchstäblich ein Häufchen Elend, mit gebrochenem Blick und hilflosen, nervösen Gesten. Beim Frühstück lässt sie das Ei auf den Boden fallen. Ich bleibe sitzen. Denke, dass ich ihre Würde antaste, wenn ich für sie alles wegräume. Sie schafft es alleine. Ich fühle mich schrecklich. Weiß nicht, was richtig ist und was falsch.

Und jetzt am Telefon, da ich ihren schweren Atem höre, sie lange Sprechpausen macht, habe ich Zeit, alles Revue passieren zu lassen und mich wiederum schrecklich zu fühlen. Ich fühle mich auf eine unbestimmte Art schuldig.

Während ihres fast sechswöchigen Besuchs bei Sepp und mir arbeite ich weiter in meiner Kosmetikpraxis.

Mittags hole ich etwas aus der Tiefkühltruhe, und bereite, begeistert darüber, wie schnell das geht, in der Mikrowelle das Essen zu. Zu dieser Zeit habe ich noch keine Ahnung, wie ungesund das ist. Und Kochen war ja noch nie meine Passion gewesen. Es war eine zeitsparende, praktische und hochmoderne Errungenschaft, die Kombination aus Tiefkühltruhe, Fertigmahlzeit und Mikrowellenherd.

Meine Mutter nimmt es mir nicht krumm. Hatte sie doch selbst nie groß gekocht. Damals, als ich noch klein war, erstand mein Vater eine Backhaube, damals eine moderne Errungenschaft. Darin war schnell ein Nudelauflauf gemacht. Das war es denn auch, was es meistens bei uns gab. Preiswert und schnell zubereitet. Wie sich doch alles wiederholt.

Die Mittagsmahlzeiten sind das größte Erlebnis von Nähe, das ich in dieser Zeit mit meiner Mutter habe. Daniel ist noch im Kindergarten und wir haben Zeit für ein Gespräch, das sich um die Probleme ihrer zweiten Ehe dreht und natürlich um ihre Schlaflosigkeit. Und darüber, wie lange der Nebel in Irland braucht, sich aufzulösen.

Sie wohnt mit ihrem zweiten Mann in Irland, im County Cork. Sie folgte ihm dorthin mit gemischten Gefühlen. Gab ihr Engagement am Landestheater Salzburg auf und ihre ausgelassenen Abende mit Theaterkollegen und Freunden.

Das flache Haus mit „out-house", einem zusätzlichen Gebäude, in dem meine Mutter ihre gewaltige Garderobe untergebracht hat, liegt direkt an der Steilküste und erinnert mich an einen dieser Romane wie „Das Gespenst von Canterville", da sich dort der Nebel oft hartnäckig bis in die Mittagsstunden hält und man das Rauschen der See nur hört, aber man nichts sieht. Der nächste Nachbar ist sechs Kilometer entfernt. Für einen depressiv veranlagten Menschen wie meine Mutter eine ungesunde Mischung aus Einsamkeit, Fremdheit und Kälte.

Sie ist schon als junge Frau anfällig für depressive Stimmungen. Wer die Geschichte ihrer Kindheit kennt, versteht das. Wer weiß, dass ihre Mutter, meine Großmutter Hero, eine große Schauspielerin ihrer Zeit, begnadete Violinistin und Pianistin („Gott hab sie selig"), aus Eifersucht die Kleider der Tochter zerschneidet. Und es ist die Zeit um 1950, in der man nicht eben in die nächste Edelboutique geht, um sich neu einzukleiden. Eine exaltierte Mutter, die dennoch alle Hochachtung verdient, die in Kriegszeiten Klein Mucki, drei Jahre alt, alleine durchbringt, als ihr Mann als Jude stirbt, was eine eigene Geschichte ist. Eine unglaublich mutige „Löwenmutter", die, auch als Jüdin verfolgt, in der Höhle des Löwen in der Wehrmachtsbetreuung Geige spielt, weil sie richtig vermutet, dass sie da am sichersten ist. Welche Angst muss sie täglich ausgestanden haben. Welchen Einsatz hat sie da erbracht, um ihre kleine Tochter durchzubringen und vor allem sie beide vor dem grausigen Tod in einer dieser „Duschen" zu bewahren, worin viele Freunde verschwanden. Männer, Frauen und Kinder. Auch die Kleinsten, allesamt vergast.

Sind da Albträume nicht geradezu „normal"? Meine temperamentvolle Mutter, sie tanzte gerne Flamenco auf dem Tisch, lebte zwei Leben. Das eine, basierend auf ihrer realen Vergangenheit, angstdurchtränkt. Das andere, das Theaterleben, das sie ins tägliche Leben mit hineinnahm, die Rollen, die sie so verkörperte, dass sie sie lebte. Vielleicht machte das auch ihre Großartigkeit auf der Bühne aus.

„Ich reise zurück nach Irland", sagt meine Mutter. „Mami, komm doch wieder zu uns!", schlage ich eindringlich vor. „Ich reise zurück nach Irland", sagt sie monoton. „Bitte komm doch vorher nochmal zu uns, bitte, Mami! Lass uns nochmal reden. Wir finden eine Lösung, bestimmt!" Ich weiß nicht, was ich noch sagen kann, sie zu überzeugen. Ich weiß nur, sie ist alleine in Irland, alleine in diesem Haus, alleine in dieser Einsamkeit, denn ihr Mann ist auf den Südseeinseln, wohin sie nicht wollte und lieber diese Zeit in Deutschland verbringen wollte. Bei Freunden, bei uns, Sepp, Klein Daniel und mir. Sie ist irgendwie schon wieder weg, auch wenn ich sie noch leise weinen höre am Telefon. Auch ich bin zweigeteilt. Ich habe Angst um sie und ich bin es auch so leid. Die ewigen Dramen, ihre Leiden. Die Krankheiten, die nur meine Mutter kennt. Ihr ganzer Körper brennt, sagt sie. Dann das Klicken im Hörer, als sie auflegt. Ich bin erleichtert, dass es wieder einmal vorbei ist, dieses deprimierende Gespräch. Gleichzeitig fühle ich mich schuldig. Ich habe versagt. Kann ihr keinen Halt geben, sie nicht aufmuntern. Habe ja meine eigenen Sorgen mit Daniel und diesen vielen Operationen. Ich kämpfe zusammen mit Sepp, zusammen mit den Ärzten, um Daniels Leben. Ich habe keine Kraft mehr, auch noch um das Leben meiner Mutter zu kämpfen.

Mein Mann, Sepp, liebevoll sorgend für mich und Daniel, kann diese Exaltiertheit, diese „andere" Art meiner Mutter nicht verstehen, will sich damit nicht auch noch beschäftigen. Er ist genervt, als ich ihm abends von dem Anruf meiner Mutter erzähle. „Mein Gott", sagt er, „es ist doch immer wieder das Gleiche. Sie muss endlich erwachsen werden und ihr Leben selbst auf die Reihe bekommen", entgegnet er.

Oma bum-bum

Es ist ein Wochenende ohne Klinik. Daniel spielt auf dem Boden im Wohnzimmer das endlose Spiel „Turm bauen". Er stellt die Holzklötzchen geduldig immer wieder aufeinander, um sie dann umzuwerfen. „Ummeissen" sagt er dann begeistert, klatscht in die Hände und wir Eltern sind so stolz, glücklich und dankbar für diese „heiligen" Momente ohne Klinik, ohne Tropf, ohne Sirenen, Blaulicht und dem Kampf ums Leben unseres Kindes.

Das Telefon klingelt. Ich gehe hinaus in den Vorraum, wo das Telefon auf meinem Sekretär steht. Ich bin gespannt, wer am Sonntagabend wohl anruft.

Kreidebleich lasse ich mich auf den Hocker vor dem Sekretär fallen, der Telefonhörer rutscht mir aus der Hand. Das, was ich eben gehört habe, ist so unfassbar, so schräg, so unwirklich. Sepp fragt entnervt: „Was ist denn los? Ist schon wieder was mit deiner Mutter?"

Ich schreie hysterisch: „Mami hat sich erschossen!"

„Wie, erschossen?", fragt er und kann auch nicht fassen, was ich da sage. Ich wiederhole stockend in einzelnen Satzfetzen, was sich in mein Hirn gebrannt hat: dass mich eben eine Nachbarin meiner Mutter aus Irland angerufen und mir gesagt hat, dass sie meine Mutter leblos auf dem Bett gefunden hat, einen kleinen Revolver daneben, alles voll Blut.

Nun wird auch Sepp blass. Er fragt, was er für mich tun kann. Ich bitte ihn, mir Zigaretten zu holen. Fünf Jahre habe ich nicht mehr geraucht. Aber das ist mir jetzt egal. Ich bin fassungslos, kann nicht klar denken, fühle mich wie gelähmt.

Der Anruf kam aus Irland. Ich musste zwei Mal nachfragen, um zu begreifen.

Mir rasen Gedanken an den letzten Besuch meiner Mutter bei uns durch den Kopf. Das war doch erst vier Wochen her. Ja, es ging ihr wirklich schlecht. Die Schlaflosigkeit war nun schon über zwei Jahre nicht in den Griff zu bekommen. Trotz Aufenthalt in der Schlafklinik und trotz verschiedener Medikamente. Wie schlimm es um sie stand wurde mir klar, als sie zitternd die Treppe herunterkam und sagte, dass sie wieder nicht geschlafen habe. Ich wusste nicht, wie ich mich verhalten sollte. Sollte ich, ihre Tochter, sie einfach nur in den Arm nehmen und trösten, oder einen Arzt holen? Wie hilflos war ich schon da.

Aber jetzt wusste ich gar nicht mehr wohin mit mir.

Sie hatte mir beim Telefonat zwei Tage zuvor versprochen, sich vor ihrem Abflug nach Irland noch einmal bei mir zu melden. Aber ich hörte nichts mehr von ihr. Und jetzt diese Nachricht. Das durfte nicht wahr sein. Wahrscheinlich hatte ich mich verhört. Wahrscheinlich habe ich in der Aufregung die englische Nachricht nicht richtig verstanden. Aber doch – „gunshot", das hat sie doch gesagt. Und „leblos auf dem Bett liegend gefunden", das habe ich auch gehört.

Sepp kommt mit den Zigaretten zurück und er, der Nichtraucher, zündet mir eine an und steckt sie mir zwischen die Lippen.

Langsam sickert der Gedanke in mein Gehirn, dass meine Mutter tot sein soll. Was bedeutete das denn für mich? Ich versuche, meine Gedanken zu sortieren.

Wo war denn ihr Mann? Ach ja, er war ja in der Südsee auf Tonga, wohin sie jedes Jahr reisten. In diesem südpazifischen Königreich hatten sie sich immer besonders wohl gefühlt. Tonga wird häufig mit Paradies assoziiert. Ab jetzt wird es für mich immer eine andere Bedeutung haben. Dieses Mal wollte meine Mutter nicht mitkommen. Sie fühlte sich zu schwach für den langen Flug. Wollte aber, dass Marc flog. Wie konnte ich ihn erreichen? Hatte er die grausige Nachricht schon gehört? Würde er sich bei mir melden? Und was war jetzt zu tun?

Sepp versucht, mich zu beruhigen. „Es ist schon spät Liebes, heut kannst du eh nichts mehr ausrichten. Versuche zu schlafen und morgen besprechen wir alles."

Ich bin so klapprig, dass ich mich dankbar ins Bett bringen lasse.

An Schlaf ist jedoch nicht zu denken. Und wenn ich kurz einschlafe, schrecke ich aus einem fürchterlichen Alptraum jäh wieder hoch.

Ich liege mitten in einer Blutlache – ich kann nicht mehr atmen – ich höre gellende Schreie – in der Ferne fällt ein Schuss - dann noch einer... ich wache auf, schweißgebadet und gerädert. Mein Puls rast. Ich fasse immer noch nicht richtig, was passiert ist. Ich fühle mich hundeelend, kann nicht denken und friere, obwohl mir der Schweiß auf der Haut steht.

Endlich dämmert der Morgen. Ich will aufstehen, etwas tun, auch wenn ich nicht weiß, was. Mein Mund ist total ausgetrocknet. Ich hole mir ein Glas Wasser. Der erste Schluck erzeugt einen Würgereiz und ich schließe mich im Bad ein. Dann denke ich an Daniel. Ich muss mich zusammenreißen. Mein Sohn braucht mich.

Ich wasche mich, ziehe mich an, bereite das Frühstück für Daniel vor - alles vollautomatisch – wie in Trance.

„Wie soll ich damit fertig werden" hämmert es in meinem Kopf.

Im Rückblick hat jede Situation ihre Komik. Daniel, vier Jahre alt, hat etwas von dem Gespräch über diese Tragödie mitbekommen und läuft nun aufgeregt durch die Wohnung: „Mucki-Oma bum-bum".

Ich durchlief alle Phasen der Trauer. Nach der Fassungslosigkeit und dem „es nicht glauben" wollen, kamen die Wut und der Zorn. Ich schrie in mein Spiegelbild (ich wurde meiner Mutter immer ähnlicher, was ich mir als Kind sehnlich gewünscht hatte) und fragte zornig: „Was hast du dir dabei gedacht? Macht es dir gar nichts aus, mich mit den Problemen allein zu lassen? Reicht es nicht, dass du mich als Kind schon einmal verlassen hast? Wie oft willst du mich noch verlassen?"

Ich war auch zornig auf „meinen Herrgott". Wie konnte er das nur zulassen? Diese Frage wiederholte ich immer wieder und wieder, wie eine hängen gebliebene Schallplatte. Ich ging in den Wald, der einzige Ort, der mir einigermaßen Trost gab, und schrie meine ohnmächtige Wut und meine Trauer in den Himmel.

Dies war noch eine kraftvolle Phase, in der ich meinen Sohn versorgte, den Haushalt schmiss und die Kunden meiner Kosmetikpraxis behandelte.

Was danach kam, war ein Alptraum. Meine sowieso schon nicht stabile Psyche streikte nun ganz. Ich rutschte in eine tiefe Depression, wurde handlungsunfähig und wir mussten jemanden für Daniel finden. Außerdem bangte Sepp um mein Leben, denn ich war nun auch suizidgefährdet.

Die vielen Operationen, die mein Sohn von Babyalter an brauchte, um sich weiterentwickeln zu können, hatten schon an meinen Nerven gezerrt. Ich war einfach nicht mehr in der Lage, diese Belastung der ständig wiederkehrenden Krankenhausaufenthalte, die dauernde Angst um mein Kind und nun noch den plötzlichen Verlust meiner Mutter zu verkraften.

Ich klammerte mich an meine Therapiesitzungen. Ich legte mich bei meinem nächsten Gesprächstermin nicht auf die Couch, sondern setzte mich meinem verwundert blickenden Therapeuten gegenüber.

Ich sagte: „Heute brauche ich Sie nicht als Arzt, heute brauche ich Sie als Freund! Meine Mutter hat sich erschossen!"

Er reagierte wie ein guter Freund und hörte mir einfach zu. Wir erhöhten die Frequenz von zwei auf drei Sitzungen pro Woche.

Was mich besonders quälte war die Vorstellung von der Verbrennung der Leiche meiner Mutter. Meine Mutter hatte langes Haar, das weit über die Schultern reichte. Das tiefe Schwarz wurde inzwischen von silbrigen Strähnen durchzogen. Ich hatte es als Kind immer geliebt ihr zuzusehen, wie sie ihr glänzendes Haar bürstete. 100 Bürstenstriche täglich war ihr Credo. Und jetzt quälte mich die Vorstellung, wie ihr Haar Feuer fängt und in Flammen aufgeht. Dieses Bild verfolgte mich.

Freundinnen meiner Mutter übernahmen den letzten Freundschaftsdienst und haben sie gewaschen, gekleidet und ihre Haare gekämmt. Sie legten die Haare so, dass sie die Einschussstelle an der Schläfe verdeckten. So fotografierten sie die Tote und ich musste beim Anblick der Fotos schlucken und diesen irischen Brauch akzeptieren.

Ich reiste zur Trauerfeier nach Irland. Daniel war in guten Händen bei seiner Babysitter Familie. Er liebte seine „Keksi-Oma" und so konnte ich diesbezüglich beruhigt nach Irland fliegen. Ich war aufgeregt wegen des Zwecks der Reise, aber auch, weil ich noch nie alleine geflogen war. Eine Freundin brachte mich zum Flughafen, half mir beim Einchecken und zeigte mir das Gate, durch das ich zu meinem Flieger kam. Als ich endlich im Flugzeug saß, beruhigte ich mich und dachte darüber nach, was mich wohl in Irland erwarten würde.

Es erwartete mich Marc, der Mann meiner Mutter. Er war inzwischen von seiner Südsee-Reise heimgekehrt und hatte wohl inzwischen den ersten Schock überwunden. Er wirkte auf mich ruhig und gefasst. Ich sollte aber gleich erfahren, dass der Eindruck täuschte. Immer und immer wieder fragte er mich: „Bin ich schuld, Ingrid? Bin ich schuld?" Er machte sich fürchterliche Vorwürfe, weil er ohne seine Frau verreist war und sie allein zurückgelassen hatte. Ich glaube nicht, dass hier irgendjemand schuld ist. Dieser Freitod meiner Mutter war von ihr gewählt, weil sie mit sich, so wie sie zuletzt war, den Schmerzen, der Schlaflosigkeit nicht mehr leben wollte. So jedenfalls hatte sie es in ihrem letzten Brief geschrieben. Als ich ihren Abschiedsbrief ausgehändigt bekam und ihre mir so bekannte Schrift sah, bohrte sich ein unbändiger Schmerz in mein Herz. Ich las fieberhaft ihre Zeilen, um irgendeine weitere Erklärung zu finden, ein Wort an mich zu erhaschen. Nichts! Kein Wort an mich, ihre einzige Tochter. Kein Wort über meinen Sohn, ihren Enkel Daniel! Ich fühlte mich ein weiteres Mal von ihr verlassen.

Ich erfuhr, dass die Leiche meiner Mutter obduziert wurde. Es ging um die Rekonstruktion des Sterbevorgangs und den Ausschluss eines Gewaltverbrechens. Eine Nachricht, die mir Übelkeit verursachte. Konnte ich denn nicht aus diesem wüsten Traum aufwachen? Konnte dieser schlechte Film nicht zu Ende gehen?

Ich wurde von Marc in das Zimmer meiner Mutter geführt. Es schnürte mir die Kehle zu. An den Wänden hingen Fotos von ihr aus ihrer Bühnenzeit. Kleine Zettel mit ihrer Handschrift lagen auf dem Fensterbrett und dem Nachtkästchen. Ich fühlte mich wie ein Eindringling in ihre Privatsphäre. Die Bibel lag aufgeschlagen auf dem Tisch und ich konnte sehen, dass sie mit Leuchtmarker darin gearbeitet hatte und zu verschiedenen Bibelstellen Bemerkungen geschrieben hatte. Vielleicht würde ich darin Aufschluss finden, um zu verstehen, was ihr den Schlaf geraubt hatte. Ich würde die kommenden Nächte in ihrem Bett schlafen.

Marc und Mami hatten getrennte Schlafzimmer. Ich erinnere mich, dass auch meine Eltern getrennte Schlafzimmer hatten. Und ich erinnere mich, dass meine Mutter schon immer unter Schlafstörungen litt und wir alle sehr darauf achteten, sie nicht zu stören, wenn sie schlief. Ihr Schlaf war heilig. Ich sollte dieses Thema kennen und damit besser verstehen lernen. Das war aber viel, viel später.

Die Tote wurde auf dem Bett ihres Mannes Marc gefunden. Wie er damit fertig wurde, und wie er in diesem Bett weiterhin schlafen konnte, weiß ich nicht. Für mich war es schwer genug, in ihrem Zimmer zu übernachten. In ihrem Bett zu schlafen, in dem sie so viele schlaflose Nächte verbracht hatte und sich vermutlich quälende Stunden hin und her wälzte. Es hat mich aber auch meiner Mutter näher gebracht. Ihre vielen Notizen, ihre Gedanken, die sie aufgeschrieben hatte, die Texte vieler Bücher, die sie kommentiert hatte, eröffneten mir ihre Welt auf eine ganz eigene, nie gekannte Art und Weise. Sie hatte gerungen um den Sinn des Lebens, um ihren eigenen Daseinszweck. Sie war herausgerissen aus ihrer Welt des Theaters. Das hatte sie von sich selbst abgeschnitten. Ich glaube, wenn ein Mensch seine Gaben nicht geben kann, seine Talente nicht ausleben kann, verkümmert er, fühlt sich unnütz und damit wertlos. Ich habe viel geweint in diese Kissen. In diese Kissen, in die sie vermutlich ebenso viel geweint hat.

Iren trauern anders

Die irische Trauerfeier war für mich eine neue Erfahrung. Männer wie Frauen weinten hemmungslos und klagten „Oh, Mary, oh Mary!" Sie war dort fast zur Kultfigur geworden, meine schöne, sozial engagierte Mami. Sie konnte mit den Bauern genauso gut umgehen wie mit dem gehobenen Bürgerstand. Das war dort zu dieser Zeit nicht üblich, dass sich die sozialen Schichten mischten. Mary kümmerte sich darum herzlich wenig und lud ihre Freunde alle zusammen ein. Als dann betretenes Schweigen herrschte, weil sich die Gäste beider Gesellschaftskreise nicht wohl fühlten, konnte meine Mutter mit herzerfrischender Wärme eine Brücke schlagen. Sie schaffte es auch noch nach ihrem Tod, dass alle zusammen kamen, um von ihr Abschied zu nehmen.

In meiner Abschiedsrede versuchte ich dann in holprigem Englisch und unter Tränen, das Vermächtnis meiner Mutter deutlich zu machen und wünschte mir im Namen von Mary, dass sich die Menschen hier, egal welcher Herkunft, weiterhin verbunden fühlen mögen.

Die Trauergäste schlossen mich als „the younger edition" in ihr Herz. Ich bekam den Claddagh-Ring geschenkt. Ein Fingerring, der zwei Hände zeigt, die ein Herz mit einer Krone darüber halten. Das Herz symbolisiert Liebe, die Hände Freundschaft und die Krone Treue. Es ist eine ganz besondere Auszeichnung, diesen Ring zu erhalten. Meine Mutter hatte den ihren mit ins Grab genommen.

Nach der Trauerfeier gingen wir alle ins Pub. Hier floss das Guinness, Kilkenny und Harp Lager in Strömen. Die Klagerufe wurden von schwermütig klingenden Gesängen abgelöst und bald war nicht mehr auszumachen ob die Trauer oder der Alkohol die Menschen zueinander führte.

Ich besuchte die engsten Freunde und Nachbarn meiner Mutter. Jeder wollte mich bei sich haben. Mir wurde „the Armchair" vorgestellt, ein großer Hengst, den meine Mutter geritten hatte und auf den sie nur mittels einer Trittleiter hochkam. Es existiert davon ein Foto, das sie natürlich am liebsten zerrissen hätte. So gab es trotz aller Traurigkeit auch immer wieder etwas zum Schmunzeln und wir tauschten Anekdoten und Erinnerungen aus und das war gut so. Es tat wohl und es ehrte Marys Andenken.

Jetzt stand ich vor der Aufgabe, mir Dinge von meiner Mami auszusuchen, die ich auch im Flieger mitnehmen konnte.

Das Besteck, das meine Eltern 1954 zu ihrer Hochzeit bekamen, das wollte ich unbedingt mitnehmen. Und das eine oder andere Buch mit ihren Bemerkungen auch. Und Fotos von ihr. Es war ein fortlaufendes Abschied nehmen. Ich konnte nicht alles mitnehmen und meine

Mutter konnte ich so auch nicht festhalten. Ich musste loslassen. Dies sollte jedoch ein länger dauernder Prozess werden.

Wie peinlich!

Ich versinke in der Fülle meiner Großmutter Hero, meiner großen Oma, während sie mich glückselig an ihren Busen drückt, immer wieder ausrufend: „Meine Krott, mein Goldkind, mein Engelchen!" Eigentlich drückt sie mich zwischen ihre Brüste und ich ringe nach Luft. Ja, sie raubt mir den Atem, nicht nur mit ihren impulsiven Umarmungen. Sie macht mich atemlos mit ihrer ganzen Art.

Sie tut nur, was sie will. Keine Zugeständnisse, keine Kompromisse. Ich bewundere ihre Persönlichkeit, sie ist so stark, so unübersehbar und nicht zu überhören. Ruft sie im Restaurant nach dem Ober, mit ihrer Theaterstimme, wie ein Flüstern, das dennoch bis in den letzten Winkel des Raumes reicht, schreckt nicht nur der Ober zusammen. Jedermann dreht sich nach ihr um. Sie ist eine voluminöse Erscheinung, stolz und aufrecht, auf ihre Art schön.

In meinem Haus hängt ein Ölbild von meiner großen Oma als Kind. Sie wurde „das Madamchen" genannt. Sie war schon als Kind selbstbewusst mit einem unbeugsamen Willen. Sie musste Geige lernen und es ist der Weitsicht ihrer Eltern zu verdanken, dass sie eine große Geigerin wurde. Jedoch war nicht nur gutes Zureden notwendig, sie bei der Stange zu halten, sondern auch mehrmals eine neue Geige, denn Madamchen schmiss die Geige auf den Boden, wenn es ihr zu viel wurde und einmal stampfte sie sogar mit dem Fuß hinein und zerstörte das teure Instrument.

Meine Mami erzählte mir die wildesten Geschichten über ihre Mutter. Sie raste z.B. vor Eifersucht, wenn ihre Tochter Mucki (meine Mutter) sich nicht ausschließlich um sie kümmerte, sondern im Bus mit Gleichaltrigen schnatterte. Als Mucki meinen Vater kennen lernte, war es ganz schlimm. Sie tobte, schmiss mit Gegenständen und war außer sich vor Wut und Verletztheit. Als sich ihre Tochter nicht aufhalten ließ und mit ihrem Schwarm ausging, öffnete sie voller Zorn deren Kleiderschrank und zerschnitt ihre Kleider. Welch ein Drama!

Sie änderte die Taktik. Jetzt ist der Franz ihr der Liebste und Beste und manchmal lieber, als die eigene Tochter. Doch sobald die beiden miteinander turteln und sich nicht um sie kümmern, tobt sie erneut und wirft am Heiligen Abend durch die einen Spalt breit geöffnete Tür einige Päckchen ins Zimmer: „Da habt ihr eure Geschenke!"

Jetzt, da ihre Tochter verheiratet ist mit meinem Vater, zieht sie von Hamburg nach Bad Reichenhall, um der Familie nahe zu sein, und meine Mutter hat von nun an Bauchschmerzen und Migräneanfälle.

Die große Oma reagiert auf jede Missstimmung prompt und heftig. Mal enterbt sie meine Mutter, mal mich. Das regt uns nicht auf. Da ist nicht viel zu erben. Wir fragen uns nur manchmal schmunzelnd: „Bist Du gerade enterbt oder ich?"

Sie ist genügsam und verbringt die Hälfte ihres Lebens im Bett. Sie liest im Bett, arbeitet im Bett, lernt ihre Rollen im Bett, isst im Bett und ja, sie schläft auch viel, nicht nur im Bett. Sie empfängt selbst ihre Gäste im Bett. Dann mit einer perfekt sitzenden Frisur, einer todschicken Jacke, gestützt von einer Menge Kissen und der Bettdecke über den nackten Beinen bis zum Bauch. Als zu ihrem 90. Geburtstag ein Chor für sie singen will, schickt sie ihn ins Treppenhaus mit den Worten: „Soll jeder hör'n!" Wie peinlich mir das ist. Sie ist grundsätzlich peinlich, meine Großmutter. Liegt sie nicht im Bett, sitzt sie auf Parkbänken. Sie liebt es, kleine, langsame Spaziergänge zu machen, von Bank zu Bank. Ihr Ausruf: „Ach, Kinder, eine Bank, lasst uns setzen!" ist heute noch geflügeltes Wort in der Familie.

Wir sitzen also mit ihr auf der Parkbank und sie erzählt von ihrem Mann Albert, der so früh starb. Sie hat sich nie mehr für einen Mann interessiert. „Sex ist mir viel zu anstrengend!", pflegte sie zu sagen, mit Betonung auf „viel". An Bewunderern hätte es nicht gemangelt. Und sie erzählt von Stropp, ihrem ersten Dackel und davon, wie sie mit einem Leiterwagen, vollgepackt mit ihren Habseligkeiten, Mucki an der Hand, vor den Nazis floh. Um sich selbst abzulenken, bevor sie in Tränen ausbricht, spricht sie schnell von etwas anderem, z.B. von den Tieren, die sie so liebt. Wie niedlich die Kälbchen sind und die kleinen Entenküken im Bach und die Vögelchen. Und sie liebt es, zu essen. Im Bett und auf der Parkbank. Und natürlich im Restaurant. Auf die Frage, was sie am liebsten esse, kommt prompt die Antwort mit leuchtenden Augen: „Kalbshaxe und Gans!" Vorbei die große Tierliebe. Aber ich verzeihe ihr sofort, wenn ich miterlebe, mit welchem Genuss und welcher Inbrunst sie ihr Essen zelebriert: „Welch köstliche Brühe!" und „Diese Soße ist ein Gedicht!"

Besonders peinlich finde ich, wenn meine Oma auf der Parkbank ein Sandwich vertilgt. Schaut jemand zu ihr, was schon wegen ihrer Körperfülle oft passiert, hört sie auf zu kauen, stiert diesem Menschen mit vollen Backen in die Augen, vorgebeugt wie zum Sprung, bis der Beobachter vollkommen nervös und verunsichert von dannen zieht.

Doch wie stolz bin ich, als ich *meine* Oma, in München im Deutschen Theater, auf der Bühne erlebe. Sie spielt mit Shmuel Rodensky Anatevka, das Musical, das unter die Haut geht, mit der Geschichte um die Vertreibung der Juden. Sie ist einfach göttlich! In der Bettszene mit ihrem Mann Tevje, dem Milchmann, zischt und spuckt sie, als die Großmutter Zeitl als Geist erscheint.

Jahre nach ihrem Tod sehe ich dieses Musical noch einmal und wäre bei der gleichen Szene am liebsten auf die Bühne gesprungen und hätte der Hauptdarstellerin gezeigt, wie man diese Rolle „richtig" spielt.

Um sich die kleine Rente aufzubessern, nimmt meine Oma jeden Werbevertrag an. Sie wird gut gebucht, da sie nicht nur eine stattliche Erscheinung ist, sondern auch wandelbar wie ein Chamäleon, sich in viele Rollen überzeugend einleben kann. Sie bleibt 20 Jahre lang 70 und kommt damit durch. Und sie kommt sogar mit ihrer Forderung durch, ein Bett auf der Bühne hinter dem Vorhang zu bekommen, um sich in den Drehpausen hinlegen zu können.

Sie ist zeit ihres Lebens stark und optimistisch. Sie lacht gerne und laut, wobei ihr mächtiger Busen auf und ab wippt. Und sie ist selbstbewusst und fühlt sich wohl in ihrer Haut. Nur am Tod ihrer Tochter zerbricht sie. Mein Vater und ich kommen überein, ihr nicht vom Selbstmord ihrer Tochter zu berichten. Sie glaubt uns die Geschichte von der Herzattacke. Wir können schon so ihren Gefühlsausbruch kaum ertragen. Wie hätte sie reagiert auf die Aussage, dass ihre geliebte Tochter sich in die Schläfe geschossen hatte? Nicht auszudenken.

Sie starb kurze Zeit später, mit über 90 Jahren, an einer Lebensmittelvergiftung. Sie wollte gehen. Sie wollte zu ihrer Tochter.

Meine große Oma war mir Vorbild im Positiven wie im Negativen. Ich bin sicher auch deshalb ein unkomplizierter, kompromissbereiter Mensch geworden, weil ich selbst unter ihrer Extravaganz litt. Nein, so anstrengend wollte ich nicht sein. Nur etwas mehr auf meine eigenen Bedürfnisse zu achten täte mir gut. Da könnte ich mir eine dicke Scheibe von ihr abschneiden.

Der Tod

Meine Schwägerin heißt wie ich. Sie heißt Ingrid wie ich und da sie mit dem Bruder meines Mannes verheiratet ist, auch Berger wie ich. Und sie ist, wie ich auch, Kosmetikerin. Ansonsten haben wir nicht viel gemein. Sie ist eine zartgliedrige Schönheit mit dunklen Augen und langen, schwarzen Haaren. Ihre Haut ist rotbraun, auch im Winter und ihre Augen liegen etwas schräg, was ihr dieses indianische Aussehen gibt. Sie sieht rassig aus, ist jedoch schüchtern und scheu. Wenn ich sie mit meinem Temperament zur Begrüßung umarme, erstarrt sie in meinen Armen und bewegt sich nicht, bis ich sie wieder los lasse. Ich brauche einige Zeit, bis ich verstehe, dass für sie selbst ein Handschlag ein intimes Zeichen von Nähe ist, das für besondere Festtage wie Ostern und Weihnachten reserviert ist. Nur mit ihrem Mann verbindet sie eine große Nähe, und es kursiert die Anekdote, dass ihr Mann, Arto, manchmal die Bettseite wechselt, weil seine Ingrid ihm so nahe kommt, dass es ihm trotz seiner großen Liebe zu eng wird.

Sie hat einen ausgewählten Geschmack und ich fühle mich ausgesprochen wohl in ihrem Haus. Wenn da nur nicht dieser immense Temperamentsunterschied wäre. Oft gibt es Missverständnisse, die einfach nur auf unsere verschiedene Wahrnehmung der Dinge zurückzuführen sind. Ich habe das Gefühl, dass wir uns beide wirklich Mühe geben miteinander und es trotzdem schwer haben, uns zu verstehen. Das wird besonders spürbar, als Ingrid erkrankt. Sie bekommt eine heftige Diagnose und wir stehen alle fassungslos dabei, unfähig sie zu trösten, da sie auch niemanden, außer ihren Arto, an sich heran lässt. So gerne würde ich ihr jetzt beistehen. Ich sage ihr, dass sie sich gerne aussprechen könne, wenn sie wolle, aber sie will nicht. Trotzdem haben mein Sepp und ich das Gefühl, dass es ihr gut tut, wenn wir sie besuchen. Makaber wird es, als Ingrid als Antwort auf unsere Frage, wie es ihr denn heute gehe, in ihr langes Haar greift, ein ganzes Büschel herauszieht und in der Hand hält. Wie soll ich nur damit umgehen? Ich weiß es nicht und so lasse ich es einfach zu, dass mir die Tränen über die Wangen laufen.

Nach einem kürzeren Klinikaufenthalt ist Ingrid nun wieder zu Hause. Man kann nichts mehr für sie tun. Beim nächsten Besuch kann sie sich schon nicht mehr im Wohnzimmer aufhalten. Sie liegt oben im Schlafzimmer und ruft nahezu ununterbrochen nach ihrer Mutter. Es klingt schrecklich und das Wissen, nichts für sie tun zu können, fühlt sich schlimm an. Besonders hart ist es für ihren Sohn Alex. Er ist zwölf Jahre alt und hängt an seiner Mutter. Er gleicht ihr sehr. Er hat das schmale Gesicht mit den großen, dunklen Augen, wie sie. Wie soll das Kind mit dieser fast gespenstischen Situation nur umgehen?!

Wir können nur kurz zu Ingrid, weil sie alles anstrengt, aber sie lächelt doch ein schwaches Lächeln, als sie uns sieht. Ich versuche ihre Hand zu halten. Sie zieht sie zurück und ich muss einmal mehr akzeptieren, dass unsere Sprache der Liebe komplett unterschiedlich ist. Ich sage ihr, dass ich sie lieb habe und sie dreht den Kopf zur Seite. Ich verlasse niedergeschlagen das Zimmer.

Diesmal ist es ganz schlimm. Es sind ein paar Wochen ins Land gezogen. Ingrid hat sehr abgenommen, was bei ihrer zarten Gestalt besonders schwerwiegend ist. Sie ist wirklich nur noch Haut und Knochen. Sie wiegt noch 37 kg. Und sie hat schwere Gelbsucht. Sie sieht mich diesmal böse an, aus ihren fremden, gelben Augen. Ich verstehe, ich soll weggehen. Sie will nicht so gesehen werden. Ich verabschiede mich von ihr und habe das Gefühl, dass es ein Abschied für immer ist. Es tut so weh. Und es tut mir so leid! Warum konnten wir nicht Freundinnen sein? Warum konnte ich so gar nichts für sie tun? Die Hilflosigkeit schmerzt, auch körperlich. Meine Brust fühlt sich an, als würde ich in einem Schraubstock stecken. Ich verstehe, dass ich dieses Leid nun einfach aushalten muss, ohne durch Aktionismus abgelenkt zu sein. Das ist eine harte Lektion!

Ingrid ist in der Nacht in ihrem Bett, neben ihrem geliebten Arto gestorben. Morgens wacht er auf und seine Frau ist tot.

Das „Warum" hängt im Raum. Warum muss eine so gute Ehe, wo sich zwei Menschen über Jahre wirklich lieben, so brutal getrennt werden? Warum muss diese wunderschöne, zarte, liebenswürdige und allzeit hilfsbereite Frau so früh sterben? Diese Fragen sind nicht zu beantworten. Der Verstand weiß das, aber das Herz fragt dennoch immer weiter: „Warum, warum nur? **Warum?**"

Der Trauergottesdienst findet in der schönen Pfarrkirche statt. Es scheint, dass das ganze Dorf gekommen ist, sich von Ingrid zu verabschieden. Blumen türmen sich im Altarraum rund um den Sarg und geben der Szenerie etwas Feierliches aber auch Unwirkliches. Daniel, der seit seinem fünften Lebensjahr bei den Tölzer Sängerknaben ist, singt mit seiner glockenhellen, tragenden Stimme, das Ave Maria von Gounod. Ich fröstle. Eine Gänsehaut läuft mir über den ganzen Körper. Dieser Gegensatz von Tod und diesem mit Inbrunst singenden Kind könnte grösser nicht sein. Der Anlass lässt den Stolz auf Daniel in den Hintergrund treten. Und trotzdem tut es gut, dass im Anschluss an den Gottesdienst viele Freunde und Bekannte sagen, wie schön Daniel doch gesungen habe.

Auf der Beerdigung sieht man an den vielen Trauernden, wie beliebt sie war, die zarte Ingrid. In der Leichenhalle spricht der Pfarrer die Trostworte, die niemanden trösten. Dann folgt der Leichenzug von der Halle zum Grab. Die engste Familie geht direkt hinter dem

Sarg her. Aus tränenverhangenen Augen schaue ich auf den Sarg, von dem der schwarze Überwurf abgenommen ist und starre wie hypnotisiert auf das Schildchen, das am Fußende angebracht ist: „Ingrid Berger" steht darauf. Mein Name! Wie makaber ist das! Ich kann es nicht fassen. Ich reiße mich zusammen und mache mir klar, dass es einfach die Namensgleichheit ist, nichts weiter. Ich versuche mir einzureden, dass das überhaupt keine Bedeutung hat. Aber in meiner labilen Verfassung ist das nicht einfach. Den plötzlichen, gewaltsamen Tod meiner Mutter habe ich noch in keinster Weise verarbeitet und schon zu lange habe ich mit Krankheit und dem Kampf gegen den Tod zu tun. Die ständige Angst um unseren Sohn zerrt schon zu lange an meinen Nerven.

Am Grab weine ich nicht nur aus Trauer um meine Schwägerin Ingrid, sondern auch aus Erschöpfung und Schwäche. Ich kann einfach nicht mehr! Und trotzdem muss ich mich zusammen nehmen, kann und will nicht noch eine zusätzliche Last sein. Die Familie hat genug zu tun, allen Trauergästen die Hand zu reichen. Eine schier endlose Schlange reiht sich vor dem Grab auf. Irgendwann ist es Zeit, zu gehen. Das ist der schwerste Schritt. Einfach weg zu gehen vom Grab. Die Tote nun wirklich ihrer letzten Ruhe zu überlassen. Und selbst den Schritt in ein Leben ohne sie zu tun. Wie kann Arto das nur aushalten? Und Alex, er ist doch noch ein Kind! Es muss gehen! Ja, es bleibt einem nichts anderes übrig, als sich durch die Phasen des Abschieds hindurch zu arbeiten.

Von der Auflehnung und dem „nicht wahrhaben wollen"
bis hin zum Akzeptieren und irgendwann, nach getaner
Trauerarbeit, auch hin zum Friedenschließen. Dies jedoch ist ein weiter, steiniger Weg.

Die Trennung

Sepp und ich waren zu beschäftigt mit dem Kampf ums Überleben. Wir kämpften um Daniels Leben und um meines. Daniels Leben war immer wieder einmal ernsthaft in Gefahr. Meines nur indirekt durch meine Depression, die mich bisweilen an Selbstmord denken ließ.

Nach einer von Daniels vielen Operationen wachte er nicht wieder auf. Er lag da, atmete, war aber nicht ansprechbar. Ich harrte an seinem Bett aus. Betete, haderte und hoffte im Wechsel. Nach vielen Tagen in solch einer Starre an Daniels Seite konnte ich nicht mehr. Ich betete wieder, aber diesmal, dass alles ein Ende haben möge. „Ich gebe ihn Dir zurück, Gott, ich kann nicht mehr", murmelte ich vor mich hin. Es war einfach nicht auszuhalten mit anzusehen, wie er regungslos dalag und keiner sagen konnte, was mit ihm war, ob er wieder aufwachen würde und vor allem, ob er jetzt etwas mitbekam oder nicht. Ich gab den unsinnigen Kampf auf. Ich ließ los und bat Gott, ihn entweder gesund zu machen, oder zu sich zu holen.

Plötzlich hörte ich Tumult und Stimmen auf dem Gang. Ich wurde an der Schulter gerüttelt. Eine Schwester sagte aufgeregt zu mir: „Daniel ist wieder da!" und nun verstand ich auch die Stimmen, die riefen: „Der Daniel Berger ist wieder da, der Daniel Berger ist wieder da!" Ich schaute verwundert auf Daniel, der immer noch still in seinem Bettchen lag. Die Schwester hatte Mühe, zu mir durchzudringen und erklärte mir: „Schauen Sie doch, Frau Berger, er liegt jetzt auf der Seite, er hat sich selbst umgedreht!" Ja, nun sah ich es auch. Mit Tränen in den Augen blickte ich nach oben und dankte Gott.

Daniel erholte sich zusehends. Wieder einmal hatten wir es geschafft. Wir konnten nach Hause. Ich jedoch brauchte immer länger, mich von diesen zermürbenden Krankenhausaufenthalten zu erholen. Selbst im anschließenden Urlaub kam ich nicht wirklich zu Kräften. Sepp gab sich alle Mühe, für uns beide da zu sein. Aber für ein wirklich partnerschaftliches Miteinander fehlten mir inzwischen jegliches Interesse und die Kraft. Sepp wurde mein psychologischer Berater und hörte mir geduldig zu, wenn ich ihm immer wieder von meinen Ängsten, meiner Verzweiflung und Mutlosigkeit erzählte. Ich drehte mich mehr und mehr um mich selbst.

Ich wollte die Trennung. Ich hatte nicht wirklich eine Erklärung, aber ich hatte das Gefühl, dass es unfair war, Sepp festzuhalten in dieser ungesunden Ehe. Ich danke ihm für die Geduld, die Bereitschaft, alles gemeinsam durchzustehen und seine Liebe. Und dafür, dass wir heute noch Freunde sind.

Und wieder ein Umzug

Ich bezog eine kleine Wohnung in der Nähe unseres Hauses und kam morgens, um Daniel für die Schule fertig zu machen und um in meiner Kosmetikpraxis zu arbeiten. Mittags aßen wir gemeinsam und wenn er Hausaufgaben machte, war ich da, falls er mich brauchte. Der Tagesablauf blieb also erst einmal gleich für Daniel. Als die neue Frau, Katja, in das Leben von Sepp kam, teilten wir uns die Aufgaben um Daniel. Am Anfang war es komisch für uns beide. Katja war noch nicht daheim in dem Haus und ich war es nicht mehr. Aber wir nahmen die Herausforderung an und gaben beide unser Bestes. Abends fand die Übergabe statt, d. h. ich berichtete, was Daniel gegessen hatte, was er eventuell für die Schule brauchte oder was es sonst zu besprechen gab. Es wurde ein normaler Ablauf und ich bin heute noch stolz auf uns alle, wie wir das gemeistert haben.

Der Traumprinz

Nach einem „einsamen" Jahr und der Trauerarbeit über meine geschiedene Ehe, bin ich wieder offen für eine neue Partnerschaft.

Ich bin nicht der Typ fürs Alleinsein, auch wenn ich gut mit mir klar komme, Langeweile nicht kenne und selbst Stille genieße. Ich bin wieder offen und gehe wieder unter Menschen. Heute zum Beispiel fahre ich zum Christkindlmarkt nach Augsburg. Das habe ich von Laureen abgeschaut. Immer mal wieder einen Ausflug in eine andere kleine Stadt zu unternehmen. Was haben wir schon für nette Erlebnisse gehabt, wenn wir zusammen einen Tagesausflug nach Landsberg, nach Bad Tölz, nach Wasserburg oder nach Regensburg machten. Ich habe es jedes Mal sehr genossen, habe meine Heimat und neue Menschen kennen gelernt und einfach Spaß gehabt.

Und heute fahre ich mit dem Zug nach Augsburg, freue mich über die schöne Fahrt, schaue beim Fenster raus und träume davon, Weihnachten nicht allein zu verbringen. Auf dem Christkindlmarkt in Augsburg sind noch richtig traditionelle „Standl". Da gibt es Puppenstubenmöbel aus Holz, wunderschön bemalt, dort gibt es Rauschgoldengel aus Goldpapier und Engelshaar, und es duftet wunderbar nach gebrannten Mandeln, Glühwein und nach Räucherwaren. Altmodische Räuchermandl qualmen aus aufgeklebten Pfeifen und vermitteln eine heimelige Stimmung. Es funkelt und glitzert rund um mich herum und ich fühle mich zurückversetzt in die aufregende Vorweihnachtszeit meiner Kindheit. Ich kann mich diesem Zauber nicht entziehen.

Dieser Zauber führt dann wohl auch die Begegnung mit „ihm" herbei. Er, groß, stark, ja, bärenstark, steht da mit einem Becher dampfenden Glühweins und fragt mich, ob ich auch einen wolle. Ich, normalerweise nicht auf den Mund gefallen, stottere etwas, das wie: „Ja, sehr gerne" klingen soll. Wie auch immer, er versteht und bestellt für mich einen Becher Glühwein. Schon der erste Schluck steigt mir in den Kopf. Oder ist es eher dieser Mann, der mir zu Kopfe steigt? Egal, ich lasse mich einfangen von dieser Mischung aus vorweihnachtlichem Zauber und Aufregung und dem Wissen, dass gerade etwas Bedeutendes passiert. Und ich will es sofort wissen, auf der Stelle! Ich frage todesmutig, wo denn seine Familie sei, ob er mit seinen Kindern da sei auf dem Christkindlmarkt und mit seiner Frau. Nein, er sei allein da, und überhaupt, er habe gar keine Familie, er sei schon seit längerem solo nach seiner Scheidung und Kinder habe er gar keine. Bingo!

Ich juble innerlich, denn ich spüre es, dieser Mann muss her, und wenn dafür der Kühlschrank raus muss! Das nennt man wohl „Liebe auf den ersten Blick". Ich bin ganz sicher! Und ich will so schnell und so viel wie möglich von ihm erfahren. Ich möchte am liebsten mit ihm irgendwo in einem kleinen Café sitzen und reden. Raus aus diesem Trubel, wo man laut reden muss, um die Weihnachtslieder und das Stimmengewirr zu übertönen. Ich sage, dass ich Hunger habe und ob wir irgendwo etwas essen könnten. Er deutet auf den Würstelstand und ich merke, dass ich so nicht weiterkomme. Also, Klartext: „Ich würde mich gerne mit Ihnen irgendwo nett unterhalten, wo nicht so ein Trubel herrscht. Sie kennen doch sicher ein nettes Café hier in der Nähe – Sie sind doch von hier?" Na also, jetzt hat er verstanden und greift beherzt nach meiner Hand, was sofort butterweiche Knie bei mir auslöst, und dirigiert mich aus dem Gewusel in Richtung eines schönen großen Platzes mit einem Brunnen und wunderschönen Hausfassaden.

Er schlägt vor, ins „Max" zu gehen und ich stimme eifrig zu, da ich hier sowieso nichts kenne. Wir bekommen einen Platz direkt vor dem großen Fenster und ich bin so aufgeregt wie mit 17. Wie beruhigend, dass mir das auch mit 39 Jahren noch passieren kann. Er bestellt zwei Cola und zwei Cognac. Cola trinke ich nur ganz selten zu besonderen Anlässen und das ist so einer, ich weiß es einfach. Als er mich fragt, was ich essen wolle, sage ich, dass ich kein bisschen hungrig sei. Diese Bemerkung löst einige Fragezeichen bei ihm aus, was ich jedoch nicht bemerke. Ich bemerke auch nicht, dass ich nicht nur meinen Cognac trinke, sondern seinen gleich hinterher. Dies sollte ich später noch öfters liebevoll „aufs Butterbrot geschmiert" bekommen.

Ich frage ihn nach seinem Beruf, ob er hier in Augsburg lebt, ob er auch auf dem Land leben könnte, ob er Tiere mag und gerne einen Hund und eine Katze hätte und er antwortet geduldig und hört noch geduldiger meinem Redeschwall zu. In einer meiner seltenen Redepausen fragt er mich, ob ich Lust hätte, mit ihm zum Italiener zu gehen. Und ob ich das habe! Ich erwartete eine Pizzeria um die Ecke, werde aber von einem exklusiven Ambiente eines Edelitalieners überrascht. Er bittet um einen besonderen Tisch für uns zu einem besonderen Anlass und der Ober führt uns zu einem runden Tisch mit weißer Tischdecke, schön gefalteten Servietten und Kerzen in silbernen Leuchtern. Mein neuer Schwarm bestellt versiert für uns beide, ordert passenden, wunderbaren Rotwein und ich genieße es, so verwöhnt zu werden.

Er hat Stil und gute Manieren, kennt sich mit Weinen und gutem Essen aus und wohl auch damit, wie man eine Frau für sich einnimmt. Ich schmelze mehr und mehr dahin und beim nächsten Anstoßen mit den edlen Gläsern frage ich ihn, ob wir „Du"? zueinander sagen können. Er stellt sich galant vor als Andreas. „Und ich bin die Ingrid!", erwidere ich glücklich. Ich schwebe auf Wolke Sieben und genieße einfach alles: das Ambiente dieses schönen Lokals, die raffiniert zubereiteten Speisen, den eleganten Wein und natürlich jedes Wort „meines" Andreas'. Ich erfahre, dass er erst vor Kurzem umgezogen ist in eine schöne, geräumige Wohnung mit einer sehr großen, hellen Küche und einer Wendeltreppe hoch zu den

Schlafräumen. Ich freue mich darüber, dass er ein begeisterter Hobbykoch ist und darüber, dass er einen kreativen Beruf in der Modebranche hat.

Es ist Mitternacht und mir fällt siedend heiß ein, dass ich ja ohne Auto da bin. Ich frage ihn, ob überhaupt noch ein Zug zurück nach München führe. Und nun bin ich total von Andreas gewonnen, als er entgegnet, dass er mich natürlich nicht nachts alleine mit dem Zug nach München fahren ließe, sondern mich selbstverständlich mit seinem Auto nach Hause fahren würde. Ich werfe spontan ein, dass er mir ja dann auch gleich noch seine neue Wohnung zeigen könne.

Und genau das macht er dann auch. Wir brechen auf und gehen, inzwischen Arm in Arm eingehakt, als würden wir uns schon lange kennen, zu seinem Auto. Galant öffnet er mir die Beifahrertür seines dicken BMWs (ich erfahre später, dass es ein 5 er BMW ist) und ich steige benommen vom Wein und seiner Präsenz ein. In seiner Wohnung will ich alles sehen und alles wissen. Ich öffne gleich die erste Tür im Flur und lande in einem großzügigen Badezimmer. Etwas irritiert bin ich als er sagt, dass er dieses Bad nur sehr selten benutzen würde. „Er ist doch ein gepflegter Mann, der wird sich doch wohl regelmäßig duschen", hoffe ich. Dann folge ich ihm in die wirklich sehr große, elegante Küche. Ich bin begeistert von den weiß-blauen Fliesen, die ein schönes Muster haben und in der Mitte ein Ornament bilden. „Edel, wirklich edel", denke ich nur. Vom Wohnzimmer führt die beschriebene Wendeltreppe nach oben und ich folge meinem Prinzen, als er mir das Schlafzimmer und das angrenzende Bad zeigt. Nun ist dieses Rätsel um das selten benutzte Badezimmer gelöst und ich bin erleichtert.

Nur eine Tür hat er noch nicht geöffnet und das tue nun ich und frage beherzt, was sich denn dahinter noch verbergen würde. Er lächelt milde und ich bemerke, dass es sich um einen Abstellraum handelt. Nachts um drei Uhr fährt er mich dann nach Hause und ich hoffe, ja bete, dass wir uns bald wiedersehen. Er beugt sich zu mir und verabschiedet sich mit einem leichten Kuss auf die Wange und dem Versprechen, morgen anzurufen. Ganz Galan, denke ich und schwebe in meine Wohnung.

Am Morgen erwache ich und sehe das Blinken meines Anrufbeantworters. Er hatte noch in der Nacht darauf gesprochen. Wie süß, denke ich und bin schon wieder ganz beschwingt, obwohl ich gewaltigen Schlafmangel und einen kleinen Kater habe. Als ich jedoch den Abend Revue passieren lasse, fällt mir doch auch manches ein, was mir nun furchtbar peinlich ist. Wie konnte ich nur einfach vorschlagen, noch zu ihm zu fahren und dann auch noch selbständig Türen öffnen und mich gebärden, als würden wir uns schon ewig kennen? Ich war wohl von allen guten Geistern verlassen! Wo hatte ich nur meine gute Erziehung gelassen?

Andreas scheint das alles nicht gestört zu haben, denn er besucht mich schon die kommenden Tage und meint, dass er sich ja dringend um mich kümmern müsse, da ich nichts zu essen in meiner Küche habe. Ich hatte ihm schon gebeichtet, dass ich nicht koche und mich hauptsächlich von Tütensuppen und Rohkost ernähre.

Er lädt mich zu sich nach Augsburg ein und verwöhnt mich mit wunderbaren Menüfolgen und erlesenen Weinen. Und er fragt mich, ob wir Weihnachten gemeinsam verbringen würden. Ich fühle wie mein Herz Luftsprünge macht vor Freude. Mein geheimster Wunsch ging in Erfüllung! Wir umarmen uns innig und nun ist es glasklar, wir haben uns gefunden und würden uns nicht mehr lassen.

Wir feiern nicht nur ein traumschönes Weihnachtsfest zusammen, zu dem er einen zimmerhohen Baum in seinem Wohnzimmer aufstellt und mit breiten Bändern und Kerzen schmückt, wir verbringen jede freie Minute zusammen.

Zu Silvester soll ich seinen Freunden vorgestellt werden. Mir ist mulmig zu Mute. Würde ich von seinen Freunden auch so herzlich aufgenommen werden? Wir stellen Biertische und Bänke auf und bedecken sie mit großen, weißen Laken. Es sieht festlich aus, mit all den Kerzen und Blumen. Andreas legt großen Wert auf ein stilvolles Ambiente und ich staune einmal mehr, wie fantastisch er kochen kann.

Meine Sorge war völlig unbegründet. Seine Freunde sind herzliche, offene Menschen, die mich genauso in ihr Herz schließen, wie ich sie in meines. Ich habe sogar das Gefühl, dass sie alle glücklich sind, dass ihr Andreas wieder eine Freundin hat, nach der langen Zeit, die er nach seiner Scheidung schon alleine lebt. Die Tische biegen sich fast unter den Schüsseln und Platten dampfenden Essens. Es ist ein rauschendes Fest! Wir lachen viel und loben Andreas für das wunderbare Mahl. Vor Mitternacht knallen die Champagnerkorken und die Gläser werden gefüllt. Um zwölf Uhr gehen alle auf den Balkon, um das Feuerwerk zu sehen. Alle, bis auf Andreas und mich. Denn er hält mich zurück, küsst mich zärtlich und fragt mich, ob ich seine Frau werden will. Eine Woge der Glückseligkeit überrollt mich und ich bin in diesem Moment garantiert der glücklichste Mensch auf der ganzen Welt als ich ihm mein Ja-Wort gebe. Am 12. Dezember hatten wir uns kennengelernt und jetzt, gut zwei Wochen später ist klar, wir gehörten zusammen. Ja, wir würden heiraten und wir wären das schönste Paar der Welt.

Das 100-Seelen-Dorf

So schnell mein Traumprinz Andreas und ich beschlossen hatten, zu heiraten, genauso schnell beschlossen wir, ein Haus zu bauen. Auf dem Land. Zwischen
Augsburg und München. Oder ein fertiges zu kaufen.
Wir fuhren wöchentlich über Land, zwischen München
und Augsburg, um einen geeigneten Platz zu finden, wo
wir unser gemeinsames Nest bauen wollten. Ich hatte
meine Kosmetikpraxis in München und wollte diese und
meinen treuen Kundenstamm nicht aufgeben. Andreas
arbeitete in Augsburg. Er kannte sich in diesem Land-
strich sehr gut aus und zeigte mir die hübschesten Plätze,
unter anderem Aichach. Ich war sofort verliebt in dieses
Städtchen mit dem wunderschönen Dorfplatz zwischen
zwei Toren. Und interessanterweise sprach eine Hälfte
der Einwohner hier ein Augsburger Schwäbisch und die
andere Hälfte Bayerisch. Das war ein Zeichen! Und so
schlugen wir zu, als wir einen Rohbau auf dem Land, in
der Nähe von Aichach kaufen konnten.

Der Blick war atemberaubend: Felder, Wiesen, Wälder, soweit das Auge reichte. Andreas nannte das den
„Blick bis zum Mittelmeer". Das Dorf hatte 111 Haushal-
te, eine Wirtschaft und eine kleine Kapelle. Und einen
Bauernhof! Erinnerungen an Kindheitsglück stiegen in
mir auf. Das war doch schon Grund genug, hier zu leben.
Ich stattete dem Bauernhof gleich mal einen Besuch ab
und begrüßte die Bäuerin im Stall, die gerade beim Mel-

ken war. Sie sagte zu mir: „Gehen's aussi! Gehen's aussi!" Ich verstand das nicht. Warum wollte sie mich nicht in ihrem Stall haben? Ich hatte mich doch so darauf gefreut, endlich mal wieder Kühe zu streicheln und vielleicht sogar mal wieder mitzuhelfen bei der Stallarbeit.

Die Bäuerin kam heraus und fragte, was ich wolle und wer ich sei. Ich stellte mich vor als die neue Nachbarin und dass ich gerne wüsste, warum sie mich nicht in ihrem Stall haben wolle. Sie sagte, es sei wegen meinem schönen G'wand! Das würde ja dann nach Stall stinken. Ich musste herzhaft lachen und war erleichtert, denn Stallgeruch war noch nie etwas, das mich störte. So war schnell das Eis gebrochen und ich spürte, dass ich willkommen war. Ich fühlte mich daheim.

Aber erst einmal gab es eine hektische, arbeitsreiche Zeit mit Aussuchen der Armaturen, Fliesen für Bäder und Küche, Parkettboden und Türen. Wir brachten selbst Holzdecken an, schleppten Holzbretter und Ziegel. Auch wenn wir abends körperlich fix und fertig waren, wir waren selig! Hatten wir doch uns gefunden und jetzt auch noch einen wunderbaren Platz für unser Zuhause. Mein Andreas war handwerklich unglaublich geschickt. Und beide hatten wir einen ausgesucht guten Geschmack. Wie oft mussten wir lachen, wenn wir beide wieder einmal das Teuerste ausgesucht hatten. Immerhin wollten wir, bis dass der Tod uns scheide, in diesem Haus leben. Da sollte dann auch nur das Feinste vom Besten verarbeitet werden.

Bald war unser Budget erschöpft und ich arbeitete mehr denn je in meiner Münchener Praxis, die Gott sei Dank sehr gut lief. So und mit Hilfe von meiner Schwiegermutter und meinem Vater schafften wir es, die Handwerkerrechnungen zu begleichen.

Das Haus war bald bezugsfertig und so planten wir unsere Hochzeit. Wir heirateten im Aichacher Standesamt mit dem wohl lustigsten Standesbeamten der Welt. Dieser schaffte es, mit Witz und Einfühlungsvermögen eine ausgelassene und doch dem Anlass entsprechend würdige Stimmung zu schaffen. Wir und unsere Gäste hatten unglaublich viel Spaß. Bis auf Daniel, meinen Sohn, der mit seinen zwölf Jahren den Witz nicht verstand, dass wir noch sieben Kinder bekommen könnten, da so viel Platz im Familienbuch dafür vorgesehen sei. Dafür bekam er neue Großeltern. Andreas Eltern und Daniel waren vom ersten Augenblick an ein Herz und eine Seele.

Nach einem gemütlichen Beisammensein und einem köstlichen Essen, Andreas war da sehr anspruchsvoll und debattierte lange mit dem Koch wegen unseres Menüs, fuhren wir im Konvoi zu unserem Haus. Es war fast einzugsbereit. Nur der Vorplatz war noch voller Bausand und statt eines Gartens gab es einen Haufen Dreck und Erde. Wir tanzten den Hochzeitswalzer zur Musik aus dem Ghettoblaster auf dem großen Vorplatz und der Kies knirschte unter unseren Füssen. Wir schwebten im siebten Himmel, der Himmel hing voller Geigen und unsere Freunde freuten sich mit uns.

Es folgten glückliche, arbeitsreiche Jahre, bis Andreas seinen Job verlor. Nach 16 Jahren! Einfach aus. Das Traditionshaus, welches seit 300 Jahren in Familienbesitz war, schloss seine Pforten. Und damit standen viele Menschen von jetzt auf gleich auf der Straße. Für uns war das ein Desaster, da wir relativ hohe Abzahlungsraten vereinbart hatten. Wir waren beide 44 Jahre alt und wollten nicht bis zum Tode das Haus abzahlen müssen.

Ich arbeitete noch mehr. Es war ein langer Arbeitstag, da ich eine Stunde Anfahrt hatte, um in meine Praxis zu kommen. Eine Stunde ohne Stau! Ich richtete eine Tagesschönheitsfarm in unserem Haus ein und arbeitete zusätzlich am Wochenende. Ich war sehr gefragt und konnte das Geld erwirtschaften, das wir so dringend benötigten. Die wenigen Stunden, die wir noch für uns hatten, verbrachten Andreas und ich mit den Hunden im Wald, um Kraft zu tanken. Er wurde immer depressiver. Die Leichtigkeit war dahin. Was konnte ich nur tun?

Ich erfuhr von einem japanischen Unternehmen, das Gesundheitsprodukte herstellte und dabei war, den Vertrieb in Deutschland aufzubauen. Und für mich als Heilpraktikerin wäre das eine sensationelle Chance. Ich startete etwas blauäugig, aber voller Enthusiasmus und baute in kurzer Zeit einen beachtlichen Vertrieb in Deutschland auf. Nach zwei Jahren verkaufte ich meine Kosmetik- und Heilpraktiker-Praxis in München und widmete mich voller Elan meinem neuen Geschäft. Der Teamaufbau lag mir, die Menschen schätzten meinen Einsatz und meine Loyalität. Ich fuhr quer durch Deutschland mit meinem nagelneuen Saab Cabriolet, den ich von meinem Unternehmen bekommen hatte und genoss es auch. Und dann buchten mich die Teams in Österreich, Holland und der Schweiz zu Vorträgen und Seminaren. Ich war ein „Straßenmädchen" geworden, laut Andreas, der überhaupt nicht gerne alleine war. In unserer Ehe kriselte es mehr und mehr. Ich konnte Andreas nicht aus der depressiven Stimmung helfen. Und ich konnte auch nicht weniger arbeiten, denn wir brauchten das Geld. Ich holte mir die Anerkennung und Wertschätzung auf der Bühne, die ich zu Hause nicht mehr bekam.

Wir standen an einem Scheidepunkt. Es musste etwas geschehen, so konnte es nicht weitergehen. Wir planten einen Neuanfang. Wir wollten es mit einer radikalen Veränderung versuchen. Das Haus, unser erstes Nest, würden wir vermieten und in den Chiemgau ziehen, in meine geliebten Berge. Wir mieteten ein großes, renoviertes Bauernhaus auf 900 Metern oberhalb des Chiemsees. Der Blick über den See, besonders bei Abendrot, war berauschend. Das Haus mit 350 qm Wohnfläche bot genug Platz für Andreas, sich ein Büro mit Atelier einzurichten. Er wollte sich in seiner Branche mit Modezeich-

nungen selbständig machen. Ich liebte unser 70 qm großes Wohnzimmer mit riesigen Fensterfronten und einer
gewölbten Decke. Zwei große Ficus-Bäume standen darin und gaben dem Raum etwas Majestätisches. Mein
antikes Klavier wirkte in diesem Zimmer klein und zier-
lich.

Abends genoss ich den Blick über den See mit einem
Glas Rotwein und ohne meinen Andreas. Der saß in seinem Zimmer und zappte durch die Fernsehprogramme.
Wir hatten uns entfremdet. Darüber täuschten auch der
Umzug und der geplante Neuanfang nicht hinweg. Wir
konnten nicht miteinander reden. Das war die Wurzel des
Übels. Ja, wir sprachen über alles, was so zu tun war, wir
planten gemeinsam die Ausstattung des Hauses, die An-
lage des Gartens, die nächste Reise. Aber wir sprachen
nicht über uns und unsere Gefühle. Und ich war unterwegs. Viel unterwegs, um das Geld zu verdienen, das wir
für unseren kostspieligen Lebenswandel brauchten. Andreas liebte nicht nur gutes Essen und exzellenten Wein, er
schätzte auch luxuriöse Hotels, schnelle Autos und teure
Anzüge. Und ich ließ mich gerne anstecken und gewöhnte mich schnell an unser schnelles, teures Leben. Und ich
liebte ihn und verwöhnte ihn gerne. Bis ich die Leere
nicht mehr aushielt. Unser Zusammensein war zur Farce
geworden. Nichts mehr schien echt. Und durch die Seminare, die ich dank meines Unternehmens besuchte, lernte
ich, der Wahrheit ins Gesicht zu schauen und nicht mehr
davonzulaufen.

Namensänderung

Wieder einmal besuche ich ein Seminar. Diesmal eine ganze Woche in dem bezaubernden Seehotel in Niedernberg. Kleine Häuschen, teilweise mit Fachwerk geschmückt, reihen sich um einen kleinen See und beherbergen die Gästezimmer. Ein beschaulicher Ort, gerade recht zum Innehalten und um zu sich selbst zu kommen. Denn das ist die Ausrichtung des Seminars: sich klar werden über den eigenen Standpunkt, seine Ziele und Visionen.

Wir sind 60 Menschen verschiedenen Alters und aus unterschiedlichsten Berufen. Wir finden uns hier zusammengewürfelt mit dem einen gemeinsamen Nenner, dem Wunsch nach Selbstfindung. Die etwas eigenartige, fremde Stimmung löst unsere Seminarleiterin, eine ausdrucksstarke Persönlichkeit, indem sie uns einige Kennenlernspiele aufgibt und wir beginnen, uns gegenseitig vorzustellen. Etwas unerwartet kommt die Aufforderung von Ricarda, unserer Leiterin: „Wähle deinen Namen für diese Woche. Einen Namen, der dir entspricht, den du schon immer einmal haben wolltest oder auch einen Spitznamen, der ein angenehmes Gefühl in dir auslöst." Bevor sie noch ausgesprochen hat, melde ich mich und sage: „Ich bin Laura". Schon lange ist mir dieser Name „hinterher gelaufen". Immer wieder fühle ich ein warmes Gefühl bei diesem Namen „Laura". Ich hatte sogar schon Seminare besucht, an denen ich mir diesen

Namen aufs Namenschild schreiben ließ und bemerkte, dass ich ganz natürlich und spontan auf diesen Namen reagierte. Und nun habe ich sozusagen einmal offiziell die Möglichkeit, diesen Namen über eine ganze Woche auszuprobieren.

Ja, ich fühle diesen Namen. Er ist einfach richtig für mich. Und jedes Mal, wenn ich statt mit Ingrid mit Laura angesprochen werde, überflutet mich ein warmes Gefühl und eine Ahnung, dass dies mein „richtiger Name" ist. Die Woche ist angefüllt mit Ritualen und Übungen, die uns die Möglichkeit geben, uns intensiv mit uns selbst auseinander zu setzen.

Zum Abschluss schichten wir einen riesigen Holzhaufen auf. Der abseits gelegene Platz zwischen dem See und dem Wald ist wie dafür geschaffen. Nun haben wir die Aufgabe, in die Natur zu gehen und Ausschau nach Symbolen zu halten, die uns eine Botschaft vermitteln. Außerdem sollen wir etwas finden, das wir in der Nacht ins Feuer werfen würden, um symbolisch alten Ballast loszulassen.

Diese Aufgabe begeistert mich. Ich liebe es, mich in der Natur zu bewegen. Ich halte mich an den Main, um mich nicht zu verlaufen und schreite kräftig aus.

Ich komme an ein überwuchertes, altes Eisentor, das einen verwilderten, romantischen Garten abschließt. Sofort kommt mir die Assoziation zu meinem Leben. Wie oft hatte ich durch Sorgen und Nöte meinen Zugang zur Romantik, zu den schönen Seiten meines Lebens, verschlossen. Ich bleibe in Gedanken versunken stehen. Bewundere diesen entzückenden, naturbelassenen Garten. Auch in meinem Leben gab es diese wilde, romantische Seite. Und die wollte ich wieder aufleben lassen. Beschwingt gehe ich weiter, um nach einem Symbol zu suchen, das ich dem Feuer übergeben würde. Es ist ein so traumschöner Platz hier am Flussufer, mit den hohen Bäumen. Ich, Laura, fühle mich wohl. Ich erkenne, wie schwer es die Ingrid hatte, wie sehr sie gekämpft hat um Anerkennung, um Liebe, um Zuwendung. Ja, sie war eine Kämpferin, diese Ingrid. Von Kindheit an kämpfte sie um alles, was ihr wichtig war. Und da gab es viel zu kämpfen, denn selbst die natürlichsten Dinge fielen ihr nicht leicht zu. Wollte Klein Ingrid auf den Schoß ihrer Mami, wurde sie nur allzu oft abgewiesen mit den Entschuldigungen einer Erwachsenen, die selbst zu wenig Liebe von ihrer Mutter erfahren hatte. „Kind, lass das, ich hass' das!", hörte das kleine Mädchen Ingrid nur zu oft. Das sitzt tief, auch in der erwachsenen Ingrid. Und so hatte ich als Ingrid mein Leben lang dieses Muster bedient und gekämpft. Und diesen Kampf wollte ich nun loslassen. Ich würde diese Kämpferin Ingrid loslassen und würde als „neue Laura" mein Leben gestalten. Ich fand ein passendes Symbol in Form eines bemoosten Stück Holzes, das für mich Ähnlichkeit mit einem Schwert hatte. Dieses Schwert würde ich dem Feuer übergeben und damit all meine Anstrengungen, meine Ängste und meine Verzweiflung ablegen.

Der Abend ist lau und die Dämmerung senkt sich auf den Ritualplatz. Wir versammeln uns schweigend und bilden einen großen Kreis um den Feuerplatz. Ich spüre das Knistern in der Luft noch bevor das Feuer entzündet ist. Eine ganz besondere, erwartungsvolle Stimmung liegt in der Luft. Eine Ahnung von Loslassen und Neubeginn. Ich habe viel gelernt und über mich erfahren in dieser Woche. Nun bin ich bereit. Bereit, all die Schmerzen hinter mir zu lassen und mich nicht mehr um alte Sorgen zu grämen. Ich will für mich einstehen, aber nicht mehr kämpfen. Ich verstehe, dass die „Drama-Queen", wie mich einmal eine Trainerin nannte, ausgedient hat. Ich kann klar meine Bedürfnisse ausdrücken, ohne ein Drama daraus zu machen.

In Stille entzündet Ricarda das Feuer. Schnell brennt das trockene Holz und wir beobachten schweigend und etwas melancholisch, wissend um den nahenden Abschied am kommenden Tag, das Züngeln der Flammen. Erst als der ganze Holzstoß in hellen Flammen steht, sind wir aufgefordert, einzeln und nacheinander nahe ans Feuer zu treten und mit unserem eigenen Spruch unser Symbol dem Feuer zu übergeben. Ich lege fast zärtlich mein „Schwert" in die Flammen. Zu lange hat es mich begleitet. Zu lange war ich die Kämpferin Ingrid. Sie hat mir gedient, sich für mich eingesetzt. Ich bin ihr dankbar, dieser tapferen Kriegerin. Nun hat sie es verdient, gehen zu dürfen. Das Bild eines Austragshäuschens mit einer Bank davor kommt mir in den Sinn. In Bayern leben die Großeltern, die den Hof an die Jungen übergeben haben, im Austrag, einem kleineren Häuschen in der Nähe des Bauernhauses, wo sie den Ruhestand genießen können und eben gerne auf der Bank sitzen und die müden Glieder ausruhen. Dahin will ich die Kämpferin Ingrid entlassen. Mein Holzschwert wird von den Flammen erfasst und lodert auf. Etwas Wehmut fühle ich, aber auch Freude auf eine neue Leichtigkeit, Freude auf die Laura.

Wir bleiben lange stehen im Kreis um das niederbrennende Feuer. Keiner spricht. Wir umarmen uns still, als wir uns in unsere Zimmer verabschieden. Welch ein ereignisreicher Tag.

Nach einem üppigen Frühstück, treffen wir uns am Morgen zur Schlussrunde im Saal. Jeder soll in einem Satz zusammen fassen, was er nach Hause mitnimmt.

Ich nehme die Laura mit in mein zukünftiges Leben. Auch als wir aufgefordert werden, unsere Namen dieser Woche symbolisch zurück in den Kreis zu legen, verspreche ich „meiner Laura", sie nicht da zu lassen.

Auf der Heimreise wächst in mir die Gewissheit, dass ich meinen neuen Namen gefunden habe und ihn auch amtlich bestätigen lassen möchte.

Aus der Traum

Beim Frühstück erklärte ich meinem Traumprinzen, dass der Traum zu Ende sei. Ich bat ihn um die Trennung. Andreas war sprachlos. Ja, hatte er denn gar nichts bemerkt? Hatte er keine Probleme mit unserer Entfremdung? Er bat mich um eine Chance und um ein weiteres Jahr. Ich sagte natürlich gerne zu, denn ich liebte diesen Mann, nur würde ich nicht mehr um jeden Preis mein Leben mit ihm teilen. Anfangs bemühte sich mein Mann wirklich um mehr Nähe.

Unsere Gespräche drehten sich jedoch nach wie vor um Belangloses und Alltagskram. Kam ich im Gespräch auf uns und unser Zusammenleben, verließ Andreas wortlos den Raum. Er weigerte sich auch, mit mir über meine Namensänderung zu sprechen. Er sagte zu diesem Thema nur: „Du bist meine Ingrid, und aus!" Er war nicht bereit mir zuzuhören, oder sich Gedanken darum zu machen, was es mit meinem Wunsch nach dieser Namensänderung auf sich haben könnte. Es war kein echtes Miteinander mehr möglich. Wir lebten auf zwei Ebenen: ich hielt mich in unserem weitläufigen Wohnzimmer auf und genoss abends das Lichtspiel über dem See und er sah fern in seinem Zimmer.

Genau ein Jahr später beim Frühstück fragte ich Andreas, was sich im letzten Jahr für ihn verändert habe. Er verstand nicht, was ich meinte. Ich sagte ihm, dass ich nun nach diesem letzten Versuch, unsere Ehe zu retten, die Trennung wünsche. Er saß da, wortlos, wie so oft, und ich ging.

Ich ziehe nach Aschau im Chiemgau in eine zauberhaft schöne toskanische Villa mit einem weitläufigen Garten, durch den mitten durch ein Bach läuft, der Schafelbach. Eine Idylle für mich, meine Hunde und Katzen. Andreas behält den Papahund Zippo und ich nehme die zwei Hundemädels: Roxy, die Mama und Allissa, die Tochter. Von den drei Katzen will er keine behalten, also nehme ich die ganze Tierfamilie mit. In Aschau haben wir alle gut Platz und genügend Auslauf. Und die Tiere helfen mir über die einsamen Stunden weg. Es ist ein Unterschied für mich, ob ich alleine im Wohnzimmer sitze und weiß, dass unten im Fernsehzimmer mein Mann sitzt oder ob ich in der ganzen Wohnung alleine bin. Aber ich lerne die Stunden mit einer Katze auf dem Schoß, einem Glas Rotwein in der Hand, meinem wunderschön gestalteten Wohnzimmer im Blick und Johann Sebastian Bach in den Ohren zu genießen. Ja, ich komme gut mit mir aus. Ich habe mich für mich entschieden. Dafür, wie ich leben will. Das ist gut!

Freunde besuchen mich und freuen sich mit mir über meine positive Veränderung. Sie meinen, ich sei gelassener, ruhiger geworden und irgendwie zufriedener. Ja, der Kampf hat ein Ende. Der einseitige Kampf um ein Miteinander, wo es schon lange nichts mehr zu sagen gibt. Ich habe verstanden, dass der Traumprinz ein Traumprinz auf Zeit war. Und ich freue mich an den schönen Erinnerungen, den lustigen Episoden und den hoffnungsvollen Träumen, die wir einmal zusammen hatten. Ich freue mich vor allem darüber, dass ich mich über all das freuen kann. Ich würde wieder so entscheiden. Es waren köstliche Jahre voller Wagemut und Lebenslust. Ich habe Luxus geschmeckt und edlen Wein aus teuren Gläsern getrunken. Ich habe einiges gelernt und durfte viel Neues erfahren. Dafür bin ich dankbar. Und ich habe losgelassen. Den Traum, die Wut, den Schmerz, die Trauer. Jetzt beginnt ein neuer Abschnitt. Ich will ihn bewusst leben.

Ich erkunde die für mich neue Umgebung mit meinen Hunden. Ich streife durch Wiesen und Felder, durchforste die dichten Wälder und ernenne die Kampenwand zu meinem Hausberg. Ich erstehe eine Jahreskarte und fahre oft über Mittag für ein, zwei Stunden mit der Kampenwandbahn hinauf, um oben auf der Alm mit den Hunden herum zu laufen, die herrliche Aussicht zu genießen und in der Wiese sitzend meine Brotzeit zu verspeisen. Es ist eine köstliche, wertvolle Zeit nur für mich. Ich werde ruhig und bin tief dankbar.

Ich kann nicht beschreiben, wie sehr ich diesen Platz genieße. Mein Schlafzimmer führt unten über eine Terrasse zum Garten und ich stapfe morgens im Nachthemd durch das taunasse Gras und steige in den eiskalten Bach zu den Enten, die hier wohnen und natürlich schnell machen, dass sie davonkommen. Kneippkur zu Hause!

Mein Badezimmer nenne ich liebevoll „das schönste Zimmer im Haus". Der Boden ist gestaltet mit glänzendem, schwarzem Marmor und in schönem Kontrast zu dem sehr hellen Grau der großflächigen Fliesen an den Wänden. Am schönsten jedoch ist das breite Fenster, das direkt in den Garten führt. Ich putze mir die Zähne praktisch im Garten, wenn ich die großen Fensterflügel öffne. Und nicht nur einmal kann ich von meinem Badezimmer aus einen Silberreiher beobachten, der durch das Gras stolziert, um in „meinem" Bach zu fischen. Ich fühle mich hier so wohl.

Über eine großzügig geschwungene Steintreppe gelange ich nach oben ins Wohnzimmer, das L-förmig angelegt ist und über eine weiträumige Essecke mit einem klobigen, alten Esstisch in die Küche übergeht. An diesem Tisch sitze ich so gerne an der Stirnseite, mein Glas Rotwein genießend, Kerzen auf dem Tisch, meine Musik im Raum, und schaue mal in die Küche, mal in den Wohnraum. Das Wohlgefühl kann ich schwer beschreiben. Es ist einfach mein Zuhause. Hier fühle ich mich geborgen und sicher. Hier konnte ich bei der Einrichtung meine kreative Ader so richtig ausleben. Eine Freundin aus Wien hat mich einmal überrascht als sie sagte: „Laura, es ist mir eine Ehre, dich in deinem schönen Haus besuchen zu dürfen." Ich war sehr erstaunt über ihre unübliche Ausdrucksweise, aber es zeigte einfach, wie beeindruckt sie von dem außergewöhnlichen Ambiente war. Ich genieße es in vollen Zügen und bin dankbar, dass ich so schön wohnen darf.

Trotz dieser Luxusvilla, in der ich zurzeit lebe, bin ich keine „Luxusbiene". Ich strolche am liebsten in Wanderklamotten durch den Wald, immer begleitet von meinen beiden Hundemädels. Eine wunderbare Runde führt an der Prien entlang, die im Sommer nur wenig Wasser führt, aber im Frühjahr, zur Schneeschmelze, zum richtigen Fluss wird. Meine Allissa, die jüngere der beiden Hündinnen, ist nicht zu halten, wenn wir an ein Wasser kommen. Sofort legt sie den Kopf schief und schaut mich ungeduldig fragend an: „Darf ich?" Wenn ich dann antworte: „Such's Wassi!", ist sie nicht mehr zu bremsen und planscht voller Freude und Übermut im Wasser, bis ich sie abrufe. So verbringen wir eine herrliche, unbeschwerte Zeit zusammen.

Leider kann ich auf den Jakobsweg, den ich gerade plane, meine Hunde nicht mitnehmen. Sie wären komplett damit überfordert, jeden Tag um die 30 km zu laufen. Aber ich will es wagen. Mein Freund Karsten unterstützt mich liebevoll dabei, bietet mir an, sich in meiner Wohnung einzuquartieren, um Allissa und Roxy, sowie die Katzen zu versorgen. Und er hilft mir auch, meine Zweifel zu zerstreuen, die mich doch immer wieder mal, während der Vorbereitung auf den 900 km langen Weg, überkommen.

Dann ist es soweit. Karsten fährt mich zum Flughafen. Mein Gepäck: ein kleiner Rucksack mit acht Kilo! Die Frage ist hier nicht: Was brauche ich alles? Sondern eher: Worauf kann ich verzichten!?

Diese Reise braucht ein eigenes Buch. Es ist ein großes Abenteuer für mich und ich bin wirklich stolz darauf, es geschafft zu haben. Ich werde darüber schreiben, bestimmt. Aber hier schon mal ein Dankeschön an Dorit, die mich durch ihren Jakobsweg auf die Idee brachte und an Karsten, der mir diesen „Ausflug" ermöglichte.

Einvernehmliche Scheidung

Wann immer ich mit Andreas spreche, bemühe ich mich um einen heiteren Ton. Wir sprechen weiterhin über Belangloses. Das haben wir ja lange geübt in unserer Ehe. Aber irgendwann will ich, dass das Thema Scheidung auf den Tisch kommt. Ich hoffe nur, dass Andreas ruhig bleibt und nicht noch einmal in seine abweisende, kalte Haltung zurückfällt, die er, kurz nachdem unsere Trennung unabwendbar war, an den Tag gelegt hatte. Er behandelte mich wie eine Verbrecherin. Erst als ich ihn darauf aufmerksam machte und ihm sagte, dass ich das nicht verdient hätte, bemühte er sich ebenfalls um einen neutralen bis freundlichen Umgangston. Ich konnte es auch einfach nicht mehr aushalten. Ich hatte täglich Magenschmerzen und sehnte den Tag von Andreas Auszug herbei. Das Haus, in dem wir immer noch zusammen wohnten war zwar weitläufig und jeder von uns hatte seinen eigenen Bereich, aber dennoch begegneten wir uns natürlich immer wieder. Ich musste für mich erst noch eine geeignete Wohnung finden, er würde wieder in unser inzwischen sowieso wieder leer stehendes Haus bei Aichach ziehen.

Als ich mein neues Haus in Aschau im Chiemgau gefunden hatte, stand es an, das riesige Haus auf dem Berg zu räumen. Andreas kam auf einen Sprung vorbei, um sich noch das eine oder andere abzuholen, stellte mir dabei gleich seine neue Freundin vor und verschwand mit ihr in Richtung bella Italia in den Urlaub. Das führte mir noch mehr vor Augen, wie allein ich war mit diesem großen Haus und mit dem Umzug. Und natürlich tat es auch einfach weh! Ich war eifersüchtig und wusste, dass ich es nicht mehr zu sein brauchte. Ich selbst hatte ja diese unerfüllte Beziehung beenden wollen. Meinem Herzen jedoch waren diese Fakten erst einmal völlig gleichgültig. Dank meiner wunderbar resoluten Freundin Gisa, die nicht nur tatkräftig zupackte, sondern mir auch liebevoll Zuspruch gab, schaffte ich es, auch diese Herausforderung zu meistern, wenigstens erst mal den Umzug.

Noch einmal Händchenhalten

Da ich auf alles verzichtete und keinerlei Anspruch auf das Haus erhob, willigte Andreas auf eine schnelle, unkomplizierte Scheidung mit nur einem Anwalt ein.

Scheidungstermin ist an einem sonnigen Oktobertag in Rosenheim um neun Uhr morgens.

Andreas kommt schon am Vorabend zu mir mit besonders gutem Rotwein und wir sprechen tüchtig dem dunklen Rebensaft zu. Wir plaudern über dies und das, vom Wein beschwingt, und verdrängen so alle düsteren Gedanken. Was würde es noch bringen, selbst wenn Andreas jetzt dazu bereit wäre, über verletzte Gefühle, unerfüllte Wünsche und zerbrochene Träume zu reden?

Am Morgen sind wir pünktlich vor Ort, treffen auf eine mürrische Anwältin und einen sehr jungen, sehr freundlichen Richter.

Er bittet die „Kontrahenten", das sind wir, Andreas und ich, sich gegenüber voneinander zu setzen. Darauf sagt Andreas: „Herr Richter, wenn's recht ist, sitz ich neben meiner Frau!", setzt sich zu mir und hält meine Hand. Der Herr Richter fährt etwas verstört fort mit seiner Amtshandlung. Auf seine Nachfrage, wie wir das mit der Namensregelung getroffen hätten, sage ich, dass ich diesen wunderschönen Namen behalten würde. Andreas antwortet in seiner typisch schelmischen Art: „Das, liebe Frau Milde, kostet aber 50 Cent Copyright!", worauf ich in meine Jackentasche greife, ein 50-Cent-Stück hervorzaubere und ihm lachend auf den Tisch lege. Ich hatte mir am Abend zuvor meine Kleidung zurechtgelegt, um mir nicht am Morgen darüber Gedanken machen zu müssen, fand ein 50–Cent-Stück in meiner Kostümjacke und dachte noch: „Das ist ein gutes Omen." Und nun war dieser Gag natürlich hochgradig gelungen. Wir, Andreas und ich, lachen herzlich. Die Anwältin wird noch mürrischer und der Herr Richter noch verunsicherter. Er meint, ob wir nicht noch einmal hinausgehen und über die Scheidung beraten wollten, so wie wir uns verstehen würden, wäre es ja wohl nicht angesagt, dass wir uns scheiden ließen. Andreas und ich schauen uns an und meinen beide unisono: „Jetzt, da wir schon hier sind, wollen wir das auch durchziehen. Bitte Herr Richter, wir wollen wirklich geschieden werden."

Nach dem ganzen Prozedere, den Unterschriften und der Verabschiedung der immer noch furchtbar mürrischen Anwältin, merken wir, dass der Richter noch kurz mit uns sprechen möchte. Er erzählt uns, dass diese Scheidung seine erste Amtshandlung gewesen sei und dass es ihn sehr erstaune, wie wir miteinander umgingen. Wir müssen wieder lachen und wünschen dem frisch gebackenen Richter, dass diese Scheidung ein gutes Omen für seine gesamte Karriere sei.

Andreas lädt mich noch auf ein Frühstück in Rosenheim ein und wir finden ein schnuckeliges Café im ersten Stock. Wir lassen uns ein üppiges Frühstück schmecken, genießen Eier mit Speck, gebutterten Toast und prosten uns mit einem Glas Prosecco zu. Wir haben es geschafft, die ganze Geschichte mit Anstand und einer gehörigen Portion Humor zu beenden. Darüber bin ich sehr, sehr froh und so verabschieden wir uns erleichtert voneinander, wünschen uns viel Glück und versprechen uns, Freunde zu bleiben.

Das Seminar in Griechenland

Ich folge gern und schnell Empfehlungen von Freunden. So melde ich mich auch zu einem Seminar von Robert Betz an, das auf Lesbos in Griechenland stattfindet (danke, liebe Gundi). Ich liebe es, Seminarurlaub zu machen. Die Kombination aus Lernen und Erholung, neue Menschen kennenzulernen und ein neues Land zu erkunden, begeistert mich. Ich reise nicht gerne allein. Ich kann mir einfach nicht vorstellen, allein in der Weltgeschichte herum zu reisen. Mein Vater praktiziert das seit Jahren und ich bewundere ihn dafür. Er hat schon die „wildesten Reisen" unternommen wie z.B. die Fahrt mit der transsibirischen Eisenbahn von Moskau nach Peking. Und immer allein. Unglaublich! Das würde mir im Traum nicht einfallen. Den Jakobsweg habe ich alleine gemacht. Aber dort habe ich dann immer wieder andere Pilger in den Herbergen getroffen, wo man gemeinsam kochte und sich austauschte.

Und nun reise ich also nach Griechenland auf die schöne Insel Lesbos, oder, wie die Einheimischen sagen, Lesvos.

Das Seminar mit Robert Betz ist packend und regt mich zum Überdenken meines bisherigen Lebens an. Seine Botschaft „Folge deinem Herzen!" berührt mich. Ich bin meinem Herzen gefolgt, als ich Andreas so schnell das Ja-Wort gab und ich bin meinem Herzen gefolgt, als ich mich wieder von ihm trennte. Alles hat seine Zeit. Robert hilft mir, die Vergangenheit loszulassen. Und was mich sehr bewegt, er hilft mit bestimmten Übungen, alte Verbindungen zu trennen, die mich festhalten und mich daran hindern, mich selbst zu leben und meine Träume zu verwirklichen. Es ist ein tiefgreifender, liebevoll von Robert begleiteter Prozess. Auch die Teilnehmer unterstützen einander und ich bin mir selbst dankbar, dass ich mich für diese Reise (die äußere Reise nach Lesbos und die innere Reise zu mir selbst) entschieden habe. Hier lerne ich Wolfram kennen, der genauso gerne wandert wie ich. Bei jedem Ausflug, den wir mit der ganzen Gruppe, angeführt von Robert, zu den schönsten Plätzen auf Lesbos machen, laufen Wolfram und ich vorneweg. Wir verstehen uns prächtig. Wir genießen beide die Schönheiten der Natur, die köstlichen, griechischen Speisen und das Meer, das ständig seine Farbe verändert. Wir können uns gar nicht sattsehen.

Auf diesem Seminar entsteht der Entschluss, meinen Jugendtraum, nach Südtirol zu gehen, zu verwirklichen. Mir wird klar: wenn ich es jetzt, da ich ungebunden bin und schon meinen 50. Geburtstag gefeiert habe, nicht wage, dann nie mehr! Und was würde ich, wenn ich einmal mein Leben in der Rückschau betrachten würde, von mir sagen, wenn ich diesen, schon so lange gehegten Wunsch, einmal in Südtirol zu leben, nicht verwirklicht hätte? Ich glaube, ich wäre ziemlich enttäuscht von mir. Von Robert Betz habe ich diese Idee aufgenommen, sein

Leben vom Tod her zu betrachten. Nach dem Motto: „Was willst du dereinst über dein Leben sagen können, wenn es vorbei ist?" Dieses Motto bestärkt mich vor jeder Entscheidung, einen mutigen Schritt in Richtung meiner Träume zu tun.

Ich habe viel gelernt auf Lesbos. Und ich habe die Zeit unendlich genossen. Die Menschen in der Gruppe sind sich nahe gekommen und der Austausch hat uns alle bereichert. Und wir haben gefeiert! Auch dieses Motto „des Überflusses" hat mir gefallen. Wie dankbar und bewusst konnte ich die köstlichen Speisen genießen, den herrlichen Wein trinken und die ausgelassene Stimmung feiern. Von dieser Leichtigkeit wollte ich ein gutes Stück mit nach Hause nehmen.

Zuhause angekommen empfängt mich die herbstlich-milde Sonne des endenden Septembers. Und meine Tiere natürlich! Wie schön, so herzlich begrüßt zu werden.

Ich freue mich, wieder zuhause zu sein. Und ich freue mich, dass ich diese wunderbare Zeit in Griechenland erleben konnte. Ich setze mich hin und tippe meine Notizen in den PC. Gerne lasse ich die neuen Ideen, die inspirierenden Worte Revue passieren. Und ich kann einigen Teilnehmern auch eine Freude machen, indem ich meine Notizen weitergebe.

Und ich plane, nach Südtirol zu ziehen, jawoll! Ich rufe meinen Vater an, der zu jeder „Schandtat" bereit ist und sage zu ihm: „Vadder, fährst du mit mir nach Südtirol, um dort eine Wohnung für mich zu finden? Ich will noch dieses Jahr dorthin ziehen!" Mein Vater ist nicht allzu erstaunt, denn er kennt die spontanen Einfälle seiner Tochter. Er hat mir schon bei schier unzähligen Umzügen geholfen. Und er hat so einige Verrücktheiten mit mir erlebt. Als ich ihn anrief, um ihm meine Namensänderung zu beichten, zeigte mein Vater einmal mehr, dass ihn wenig erschüttern konnte von dem, was seiner Tochter alles einfiel. Ich druckste herum, weil es mir nicht leicht fiel, ihm zu sagen, dass ich nicht mehr Ingrid heißen wollte, wie mich meine Eltern genannt hatten. Wie sollte ich das meinem Vater nur erklären? Er bemerkte mein Zögern und fragte: „Was möchtest denn, rück schon raus mit der Sprache." Ich antwortete etwas kleinlaut: „Ich habe mir einen anderen Namen ausgesucht." Worauf mein Vater nur erwiderte: „Und, wie heißt jetzt?" „Laura", sagte ich. Es folgte eine Stille, die mir das Herz in die Hosen rutschen ließ. Die Antwort meines Vaters war jedoch alles andere als erwartet. Er sagte: „Laura? Das passt! Laura ist meine geistige Führerin." 47 Jahre war ich für meinen Vater seine Ingrid. Aber er versprach sich nicht einmal und nannte mich ab diesem Zeitpunkt Laura. Das war die größte Bestätigung für mich und ich ließ frohgemut meine Papiere auf diesen Namen ändern.

Brixen/Bressanone

Ich stelle mir vor, in der Gegend um Brixen/Bressanone zu leben. Es ist eine entzückende Stadt, voller Leben und vielen wunderbaren Dörfern rund herum. Da ich nicht direkt in der Stadt leben möchte, wünsche ich mir, wie auf einem Bauernhof zu wohnen, natürlich mit herrlichem Bergblick und himmlischer Ruhe. Und es wäre auch nicht so weit nach München. Das würde mir doch sehr helfen, mich dort einzuleben.

Anfang Oktober ist es soweit. Wir machen eine Spritztour nach Südtirol. Wir quartieren uns in Natz-Schabs in einer Pension direkt auf dem Apfel-Hochplateau ein. Hier wäre es bestimmt traumhaft zu wohnen. Dieses Hochplateau ist sonnenverwöhnt und überhaupt ganz bezaubernd. Natz ist ein kleiner verschlafener Ort, sehr sauber und mit den Geschäften, die man für das Alltägliche so braucht. Mein Dad und ich schlendern durch das Dorf und die angrenzenden Häuser, die etwas abseits, schon Richtung der Apfelplantagen stehen. Wir fragen einfach die Leute auf der Straße, die hier gerne auf einen Plausch stehen bleiben und bereitwillig Auskunft geben. Aber von einer Wohnung oder einem Haus, das zu mieten wäre, wissen sie alle nicht. Und sie schütteln auch den Kopf, ob unseres ungewöhnlichen Ansinnens. Fremde kaufen hier ein Ferienhaus oder sie mieten sich im Hotel ein, erfahren wir.

Die Pension Clarissa ist klein und fein. Clarissa selbst ist eine wunderbare Frau, mit der wir beim Frühstück ein ausgedehntes Gespräch führen über das Leben in Südtirol und das Leben im Allgemeinen. Wir unterhalten uns so gut, dass mir ganz warm ums Herz wird und ich mir vorstellen kann, in ihr eine neue Freundin gewinnen zu können. Auch sie meint allerdings, dass es nicht so einfach sein wird, hier in Südtirol eine Wohnung oder ein Haus zum Mieten zu finden.

Davon lasse ich mich jedoch nicht abschrecken und fahre mit meinem Vater nach Rodeneck im Pustertal. Das ist ein verschlafener Ort mit einer Kirche, einem schönen Dorfplatz und einem richtig urigen Gasthof. Die Sonne scheint so warm, dass wir noch draußen sitzen können. Das könnte mir gefallen. Wir kommen mit den Einheimischen und der Wirtin ins Gespräch, fragen, ob sie irgendetwas wissen, wo ich eine Wohnung bekommen könnte. Sie schicken uns zum Gemeindehaus, wo wir aber auch nichts Näheres erfahren. Wir setzen uns nach einem Spaziergang durch das Dorf wieder vor das Gasthaus und trinken einen wunderbar cremigen Latte macchiato.

Ein Einheimischer spricht uns an, er habe gehört, dass wir eine Wohnung suchen. Er wüsste da etwas, allerdings etwas auf dem Berg oben. Na, das spricht sich ja schnell herum. Wir sind ganz aufgeregt und sind gerne bereit, mit ihm dorthin zu fahren. Als er in mein Auto einsteigt, hege ich jedoch meine Zweifel, ob das so eine gute Idee war. Der Südtiroler scheint ein bisschen tief ins Glas geschaut zu haben und eine Dusche hat er auch schon länger nicht mehr genutzt. Nun, mitgehangen, mitgefangen! Jetzt fahren wir auf einer Schotterstraße Richtung Berg und ich genieße trotz der eigenartigen Situation die herrliche Aussicht. Er lässt uns anhalten vor einem kleinen, etwas baufällig wirkenden Häuschen in bester Lage. Tatsächlich ist es leer. Aber schnell begreife ich, dass es unmöglich wäre, hier meine Möbel unterzubringen. Und zum Heizen gibt es nur einen Ofen. Das allerdings sollte ich noch als völlig normal kennen lernen. In Südtirol wird noch mit Holz geheizt und eine Zentralheizung ist nicht üblicherweise in jedem Haus vorhanden.

Als wir unserem selbsternannten „Immobilienmakler" erklären, dass dieses Haus nicht geeignet sei, winkt er uns weiter zu einem weiteren Haus, das etwas bergab gelegen ist. Hier werden wir gleich eingeladen auf Speck und einen Schnaps und geschäftig erzählt unser Fremdenführer von meinem Wunsch, hier zu leben. Es ist eine dunkle Stube, in der wir sitzen, ein großer gemauerter Ofen dominiert den Raum und Wäsche hängt an Holzstangen unter der Decke, rund um den Ofen. Nein, ganz so rustikal wollte ich dann doch nicht leben. Wir bedanken uns herzlich für so viel Engagement und den Selbstgebrannten und verabschieden uns. Unser neuer Freund will noch bleiben und so fahren mein Vater und ich erleichtert, aber auch dankbar für so viel Gastfreundschaft, zurück in unsere Pension.

Das war ein erlebnisreicher Tag. Aber wir erkennen auch, dass wir so nicht ans Ziel kommen. Wir müssen wohl oder übel den klassischen Weg über einen richtigen Immobilienmakler gehen und besorgen uns am nächsten Tag in Brixen eine Zeitung. Unterm Gehen schlage ich die Wohnungsangebote auf und deute auf einen Makler. Mein Vater lacht: „Schau, Laura, wir stehen direkt vor seinem Schild. Das ist ein Zeichen!"

Wir steigen die vier alten Holzstufen nach oben, klingeln einfach unangemeldet und werden von einem gutaussehenden, braungebrannten, sympathischen Mann hereingebeten. Erst einmal bleibt mir der Mund offen stehen. In diesem alten Haus hätte ich niemals solch ein weiträumiges, hochmodernes Büro vermutet. Es ist äußerst geschmackvoll eingerichtet und hat witzige Details, wie eine Toilette im Schrank. Jedenfalls geht man durch einen Schrank zur Toilette, wirklich ein Gag. Der Makler bestätigt uns, was wir bisher schon öfter gehört haben, dass es sehr schwierig sein würde, etwas zum Mieten zu finden.

Aber nachdem ich erkläre, dass ich lieber außerhalb der Stadt wohnen würde, greift er zum Telefon und strahlt uns an. Der Altbürgermeister von Brixen sei gerade erst verstorben und seine Frau wollte nicht allein oben in Sankt Andrä wohnen. Wir könnten gleich für den kommenden Tag eine Besichtigung ausmachen. Mein Vater und ich schauen uns an, zwinkern uns zu und sagen wie aus einem Mund: „Na, geht doch!" Alle drei müssen wir lachen und wir verabschieden uns: „Bis morgen Mittag, wieder hier im Büro", sagt der wirklich sehr gut aussehende Mann, dessen Ausstrahlung mir ein kleines bisschen den Atem nimmt. Auch ich scheine meine Wirkung auf ihn nicht zu verfehlen, denn als wir auf dem Domplatz den herrlichen Brunnen bestaunen und ich „rein zufällig" noch einmal zum Fenster im vierten Stock hinaufblicke, sehe ich ihn am Fenster stehen und herunter schauen. Mein Vater meint mit seinem trockenen Humor, dass das ja nicht die schlechteste Partie wäre und ich muss schmunzeln.

Wir fahren ewige Serpentinen nach oben, wie mir scheint. Ich unterhalte mich mit der Witwe des Altbürgermeisters im Fond des Wagens und wir sind uns auf Anhieb sympathisch. Sie heißt Ingrid, wie ich vor meiner Namensänderung, was ich ihr jetzt aber nicht erkläre. Als ich jedoch auf dem Orts-Schild St. Andrä/San Andrea sehe, dass die Schwesterstadt Marquartstein im Chiemgau ist, läuft es mir ein bisschen kalt den Rücken runter. Mein Ausweis ist ausgestellt von der Gemeinde Marquartstein im Chiemgau! Ein weiteres Zeichen?

Wir kommen vor einem prächtigen Holzhaus an. Es hat bestimmt über 200 qm Wohnfläche, sowie einen ganz allerliebsten Garten, in dem ein uralter Baum mit einer Bank darunter steht. Mein Herz hüpft! Das Haus hat Charme. Allerdings sind die Wohnräume so klein, dass ich damit gar nicht klarkomme. Sofort schlägt der charmante Makler vor, man könne ja jederzeit eine Holzwand herausnehmen, um so einen großen Raum zu schaffen. Mit Handschlag wird alles beschlossen und fix gemacht. Ich kann sofort einziehen. Unglaublich!

Als wir wieder nach Brixen hinunterfahren, fällt mir der Abschied von meinem Haus direkt schwer. Wir trinken auf dieses gelungene Unterfangen einen Prosecco auf dem herrlichen Domplatz in Brixen, in der warmen Oktobersonne und in bester Stimmung!

Bella Italia

Das ging wirklich schnell. „Meine Männer" halfen freundschaftlich zusammen, meinen Umzug zu bewältigen. Auch Andreas half mit, nachdem er sich das Haus in St. Andrä erst einmal angesehen und begutachtet hatte, ob ich da nicht „einen Blödsinn" gemacht hätte. Aber er war schwer beeindruckt von dem stattlichen Haus und übersah genauso wie ich selbst, welche Herausforderungen dieses Haus für mich bereithalten würde.

Weihnachten verbringe ich alleine auf dem Berg auf 1000 m Höhe. Ja, so hatte ich mir das vorgestellt. Ich packe rasch die Kisten aus. Es ist immer ein Leichtes, in ein größeres Haus zu ziehen. Das Einräumen gestaltet sich einfach und es geht mir auch hier zügig von der Hand.

Ich frage eine Nachbarin, der ich mich gleich als „die Neue aus Bayern" vorstelle, wann denn heute in St. Andrä die Christmette sei. Sie schaut mich verdutzt an und meint, dass diese erst morgen, am Heiligen Abend um 23 Uhr wäre. Jetzt ist es an mir, verdutzt zu schauen. Ich bemerke, dass ich mich um einen Tag vertan habe in dem ganzen Umzugsrummel und falle der verwunderten und sichtlich peinlich berührten Frau um den Hals. Auf ihren fragenden Blick hin bedanke ich mich bei ihr für das große Geschenk, das sie mir gemacht hat: einen ganzen Tag!

Ich bin den Südtirolern eindeutig zu stürmisch. Mein Temperament würde besser nach Süditalien passen. Da ich recht gut Italienisch spreche und wie die Südländer mit den Händen gestikuliere, gehe ich auch manchmal als Italienerin durch, was mich jedes Mal freut.

Bayerisch-italienische Liebe

Meine Begeisterung für Italien habe ich von meiner ersten großen Liebe. Raffaelo hat dunkle Samtaugen unter schwarzen Locken, eine tiefe, rauchige Stimme und sagt die schönsten Sachen in mein Ohr. Ich glaube ihm kein Wort und bin doch unfähig, mich seiner Anziehungskraft zu widersetzen. Noch nach Monaten bekomme ich weiche Knie, wenn ich vor seiner Wohnungstür stehe und auf die Klingel drücke. Wenn er öffnet, falle ich ihm wie eine Wahnsinnige um den Hals und will ihn nie wieder los lassen.

Raffaelo, eigentlich Raphael, ist ein bayerisches Urgestein, ein echter Münchner. Mit all den Attributen, die man den Münchnern nachsagt. Er hat einen bezwingenden Charme und die Damenwelt, in diesem Falle meine ganzen Freundinnen, schwärmt von ihm. Wenn er den Kopf leicht auf die Seite legt, seine Hände aneinander reibt und spitzbübisch lächelt, bin ich jedes Mal hingerissen. Er kann aber auch so richtig granteln, wie man in Bayern sagt. Und stur ist er auch. „Wenn i ned mog, mog i ned!" erklärt er, wenn er keinerlei Diskussion duldet. Aber ich bin verliebt. Unsterblich verliebt. Und Raffaelo liebt mich feurig, wie ein Südländer. Er hat sieben Jahre in Milano gelebt, spricht „Milanes'" (Mailänder Dialekt) und hat zu seiner bayerischen Lebensart eine italienische Ader. Und seine Marotte, nur mit italienischen Lebensmitteln zu kochen, kommt mir zu Gute. Wir fahren alle zwei Wochen nach Mailand zu seinem Freund, der ein Lebensmittelgeschäft führt und uns jedes Mal den Kofferraum voll lädt mit italienischen Köstlichkeiten. Dort entdecke ich mein Faible für Finocchio und erfahre, dass das nicht nur Fenchel heißt, sondern dieses Wort auch gebraucht wird, um einen Mann zu beschimpfen. Attenzione! Nach und nach lerne ich mehr von der italienischen Lebensart kennen. Wir feiern Natale und Capodanno a Milano mit Panettone und Spumante und ich lerne all seine Freunde kennen. Ich werde herzlich aufgenommen und nehme mir fest vor, schnellstens Italienisch zu lernen, um mich mit diesen offenen, sympathischen Menschen besser unterhalten zu können.

Diese drei Jahre mit dem 17 Jahre älteren Raffaelo haben mich geprägt und mir eine Sehnsucht nach Italien eingepflanzt.

Unsere Verbindung hatte etwas Südländisches. Wir liebten und wir stritten uns, dass die Fetzen flogen. Mit keinem Menschen konnte ich je wieder so streiten, wie mit diesem Mann. Wir trennten uns an die 13 Mal während unserer Beziehung und konnten nicht miteinander und schon gar nicht ohne einander leben. Seine Eifersucht war so massiv, dass er mich oft an die Grenzen des Wahnsinns trieb. So war es z.B. schon ein Ritual, dass wir auf unserer Fahrt München-Milano im Gasthof „Kalten Keller" an der alten Brennerstraße Rast machten. Manchmal übernachteten wir auch dort, weil Raffaelo

242

einen Vecchia Romagna, natürlich mit Ettichetta Nera (schwarzes Etikett), ein italienischer Brandy, zu viel hatte. Und wenn ich dann vor ihm nach oben ging, weil ich müde war, hatte er Grund noch mehr zu trinken, weil in seiner Vorstellung sicher ein Liebhaber im Zimmer auf mich wartete. Er polterte dann irgendwann nachts ins Zimmer, knipste rücksichtslos das Licht an, öffnete den Schrank und schaute unters Bett, um den Nebenbuhler aufzuspüren. Es war grotesk.

Am nächsten Morgen entschuldigte er sich dann wortreich mit einem riesigen schlechten Gewissen. Und ich konnte ihm einfach nicht böse sein. Immer wieder gab ich nach und blieb, wenn ich eigentlich hätte davonlaufen sollen. Oder ich lief davon, kam aber schon nach ein paar Tagen reumütig zurück. Es war jedoch genau diese Spannung zwischen uns, die unsere Beziehung derart lebendig, prickelnd und besonders machte. Ich glaube, ich war diesem Mann hörig. Ich bettelte, wenn er Schluss gemacht hatte, er möge doch wieder zurückkommen und ich verzieh ihm alles gerne und schnell auf seine Bitten hin, nachdem ich mit Trennung gedroht hatte. Wir waren verrückt. Meine Freundinnen liebten meine Erzählungen unseres eigenwilligen Beziehungslebens. Ich glaube, sie lebten dadurch ein bisschen etwas dieser Verrücktheit mit aus, die sie sich für ihr eigenes Leben nie hätten vorstellen können. Und natürlich weinte ich auch viele Tränen an der Schulter meiner besten Freundin Laureen. Sie

wusste, dass es sinnlos war, mir von diesem Mann abzu-
raten. Sie mochte ihn auch selbst viel zu gerne.

Raffaelo zog zurück nach Mailand. Er nutzte die
Zeit, als gerade mal wieder Schluss mit uns war und verschwand Hals über Kopf nach Italien. Ich klingelte heu-
lend immer wieder an seiner Tür, bis ich erfuhr, dass er
ausgezogen war. Wütend, verletzt und fassungslos besuchte ich seinen Bruder Harald in seiner Kanzlei in
Schwabing. Ich wollte von ihm die Telefonnummer und
Adresse von Raffaelo haben. Ich musste so schnell wie
möglich zu ihm nach Mailand fahren. Ich hielt es nicht
mehr aus. Der Schmerz wütete in meiner Brust und ich
konnte es nicht fassen, dass er einfach so weggegangen
war, ohne mir Bescheid zu geben.

Harald hatte sich am Telefon geweigert, mir die Telefonnummer seines Bruders zu geben. Er meinte, ich sei
viel zu schade für diesen Alkoholiker. Darum fuhr ich zu
ihm in die Kanzlei. Ich musste meine ganze Überre-
dungskunst anwenden, um ihn umzustimmen. Ich weinte,
schrie und bettelte, bis er es nicht mehr aushielt und
nachgab. Sofort rief ich in Italien an, um den Treulosen
erst einmal richtig zur Rede zu stellen, was er sich dabei
gedacht habe, mich so einfach zurückzulassen. Ich hatte
einen zerknirschten und dennoch hocherfreuten Raffaelo
in der Leitung. „Si, Piccola mia, vieni, komm!", raunte er
ins Telefon. „Ich habe für uns eine wunderschöne Wohnung in Concorezzo gefunden und ich warte auf dich,

Amore!" Meine ganze Wut war verraucht, mein Schmerz in dem Moment vergessen, als ich diese betörende, warme Stimme hörte. Nur der Schmerz der Sehnsucht tobte in meiner Brust.

Mit fliegenden Fahnen fuhr ich am nächsten Tag mit dem Zug nach Milano, wo mich ein freudestrahlender Mann mit weit ausgebreiteten Armen erwartete. Ich sank an seine Brust. Sein italienisches Rasierwasser, das ich so liebte, vernebelte mir die Sinne. Alles war vergessen und vergeben. Er strich mir liebevoll übers Haar, sog tief meinen Duft ein und murmelte mir Liebesworte ins Ohr. Die Welt war wieder in Ordnung und ich war wieder zuhause.

In seiner Wohnung angekommen, traf mich fast der Schlag. Er schlief auf einer Matratze, seine Businessanzüge hingen an Nägeln, die er einfach in die Wand geschlagen hatte und seine übrige Kleidung war noch in den Koffern. Auf meinen fragenden Blick antwortete er: „Ich habe auf dich gewartet, Amore. Du musst unser Nest einrichten!" Ich fiel ihm um den Hals und sagte, dass ich jetzt bereit wäre, ihn zu heiraten. Wir tanzten durch das leere Zimmer und ich jubelte, weinte und lachte. Alle Vernunft schob ich beiseite: wir sind füreinander geschaffen, das war jetzt offensichtlich. Und ich würde alle Hürden meistern, mit ihm durch all den Wahnsinn hindurch gehen und wir würden uns ein Leben lang lieben. Das wusste ich einfach in diesem Moment.

Verlobung

Die Mailänder Freunde richteten ein wunderbares Fest für uns aus. Sie freuten sich so sehr mit uns, dass wir nun endlich heiraten würden. Im Italien dieser Zeit, es war in den Siebzigern, war es noch wichtig, eine Verbindung durch Heirat zu legalisieren. Und so waren alle glücklich. Die Tische bogen sich unter den herrlichsten Speisen, als da waren kalte und warme Antipasti, Pasta mit verschiedenen Soßen, Insalata mista und eine Vielfalt an Fleisch und Fisch. Der Spumante floss in Strömen und keiner wurde müde immer wieder „Auguri, Auguri" (Glückwunsch) zu sagen.

Zum Essen gab es herrlichen Rotwein, dem mein Schatz ein bisschen heftig zusprach. Und natürlich musste zum Dessert Vecchia Romagna getrunken werden und ich beobachtete mit Sorge, wie mein Held immer betrunkener wurde. Auf meine Bitte hin, doch mit dem Trinken aufzuhören, lachte er, etwas zu laut, er müsse doch unsere Liebe feiern. Ich wusste aus Erfahrung, wohin dieser Abend führen würde, wenn er nicht augenblicklich vernünftig wurde. „Amore mio, bitte, mir zuliebe!", flehte ich ihn an, aber er wurde unwirsch und meinte, dass es noch nicht so weit sei, dass er sich von mir bevormunden ließe.

Ich wusste nicht, was ich tun sollte. Die Situation spitzte sich merklich zu und aus der heiteren, ausgelassenen Stimmung, wurde ein Saufgelage, bei dem sich die

Männer zu übertrumpfen suchten. Ich zog Raffaelo hinaus in den Gang und bat ihn nun inständig, nichts mehr zu trinken und bot ihm einen Kaffee an. Jetzt wurde er richtiggehend wütend, riss sich von mir los und stürmte wieder ins Wohnzimmer zu den anderen Männern, wo er demonstrativ das Glas hob: „Salute, amici miei, siamo ancora giovani!" (was auf bayerisch „Prost, Freunde, so jung komm' ma nimmer zam!" heißen würde.) Ich hätte heulen können. Die Frauen versuchten mich zu trösten, dass das nur die Aufregung sei und Raffaelo sich schon wieder beruhigen würde. Das tat er dann auch. Er fiel unter den Tisch und blieb regungslos liegen und meine Achtung vor ihm sank gleichzeitig in den Keller. Ich war entsetzt, wie weit er sich gehen lassen konnte. Ich wollte nur noch nach Hause.

Der Tragödie zweiter Teil folgte jedoch erst, als er sich mühsam aufrappelte, mich mit sich zog und sagte: „Vieni, Bella, andiamo a casa!" „Ja, gerne, fahren wir nach Hause, Amore, würdest du mir bitte den Autoschlüssel geben?", antwortete ich. Da hatte ich jedoch immer noch zu viel Vernunft von ihm erwartet. Das käme überhaupt nicht in Frage, er sei der Mann und natürlich würde er seine Fidanzata (Verlobte) nach Hause fahren.

Nach einem starken Kaffee, den ihm die Hausherrin aufdrängte, war er soweit, dass er wieder gerade gehen konnte. Er packte mich am Arm und zog mich nach drauße zum Auto. Es half kein Betteln, kein noch so vorsichtiges auf ihn eingehen, er setzte sich auf den Fahrersitz und forderte mich unwirsch auf, endlich einzusteigen. Ich stieg ein. Ich war jung und dumm und fügte mich, weil ich nicht wusste, was ich sonst hätte tun können. Ich betete, dass wir heil zu Hause ankommen mochten.

Die halbe Stunde Autofahrt von Mailand nach Concorezzo war wohl die längste meines Lebens. Raffaelo fuhr so dicht an den Straßenschildern vorbei, dass ich jedes Mal zusammenzuckte und leise aufschrie. Er aber schimpfte mich aus, ich solle mich nicht so anstellen. Er fluchte und lachte abwechselnd und er machte mir Angst. Er nannte mich ein dummes Schaf und einiges in italienischer Sprache, das ich mehr erriet, als verstand. So hatte ich ihn noch nie erlebt. Betrunken ja, das war er so gut wie jedes Wochenende. Trank er unter der Woche auch keinen einzigen Schluck Alkohol, leerte er an einem Wochenende durchaus eine ganze Flasche seines heißgeliebten, italienischen Brandy. Aber er war nie ausfallend geworden. Er war eher der stille Zecher, außer er meinte wieder einmal Grund zur Eifersucht zu haben. Aber selbst dann war er mehr eine komische Figur als ein Angst einflößender Mann.

Jetzt aber wuchs meine Panik. Wozu war er noch fähig, wenn er sich von einem Moment auf den anderen derart verwandeln konnte? Ich kauerte mich zusammen und machte mich klein auf dem Beifahrersitz. Ich konnte es nur vage denken: „Das war das Ende! Das wirkliche, unumstößliche Ende." Hatte sein Bruder Harald doch recht gehabt? Dass es niemals gut gehen könne mit uns, da Raphael Alkoholiker war und wir so keine langfristige Beziehung haben könnten? Wir kamen gottlob heil in Concorezzo an. Er war jetzt endlich ruhig. Er schaffte es, die Haustür aufzusperren und fragte mich, ob ich noch einen Absacker trinken wolle. Ich konnte es nicht fassen. Hatte er immer noch nicht genug? Glaubte er allen Ernstes, ich würde seinen üblen Auftritt einfach so vergessen?

Es blieb mir keine andere Wahl, als engumschlungen mit ihm auf der einzigen Matratze im Raum zu schlafen. Ich glaube, ich war glücklich über diese Ausrede. So konnte ich ihm noch einmal nahe sein, seine Wärme spüren, mir vormachen, alles sei gut. Er schlief sofort ein und fing an zu schnarchen. So konnte ich nicht schlafen. Und ich wollte auch nicht schlafen. Ich wusste, dass dies die letzte gemeinsame Nacht sein würde. Ich wusste, wenn ich noch einen Funken Selbstachtung haben würde, musste ich diesem Horror ein Ende setzen und zwar sofort. Es war nicht gut! Und es würde nie gut werden. Das wusste ich nur zu genau. Aber es gab immer noch diesen Traum vom gemeinsamen Leben in Italien. Ich würde Italienisch lernen, mit ihm zusammen arbeiten, vielleicht würden wir gemeinsam ein Lokal aufmachen. „Und er würde jeden Abend betrunken sein", antwortete die andere Stimme in meinem Kopf. Ich stöhnte auf. Ja, so würde es sein. Und trotzdem, diese eine Nacht wollte ich noch träumen. Noch einmal seine Haut so nah spüren, seinen Geruch einatmen und glauben, alles könne noch gut werden.

Ich war doch eingeschlafen. Die Sonne kitzelte mich an der Nase und weckte mich. Ich blinzelte in diesen neuen Tag. Ich spürte Raffaelos Nähe und seine Wärme und räkelte mich wohlig. Und dann fiel mir unsanft alles wieder ein. „Oh mein Gott", dachte ich, „ich muss eine Entscheidung treffen." Als ob ich das nicht schon heute Nacht getan hätte. Aber bei Tageslicht besehen war alles noch schlimmer. Ich war doch zu ihm gekommen, um mit ihm in Italien zu leben. Ja, wir wollten heiraten. Und jetzt sollte ich vor den Trümmern meiner Träume stehen? Er hatte eine so wunderschöne Wohnung für uns gefunden. Mit einem Garten, nicht weit von Mailand entfernt, so wie ich es mir gewünscht hatte. Er wurde ebenfalls wach, rieb sich die Augen und erstaunte mich einmal mehr damit, dass er scheinbar keinen Kater hatte. Er nahm mich sofort in die Arme, drückte mich an sich und vergrub seinen Kopf in meinem Haar. Er freute sich so, dass ich da war. Das tat weh. Nein, diesmal durfte ich nicht umfallen und mich wieder überreden lassen, bei ihm zu bleiben. Es war zu schlimm gewesen. Und ich wusste, da ich einmal die Achtung vor ihm verloren hatte, würde ich niemals zu dieser unbeschwerten Liebe zurückfinden.

Ich drückte mich fest an ihn. Er glaubte, das sei ein Zeichen, dass ich ihm alles verzeihen würde. Aber ich hielt mich an ihm fest, um die Kraft zu haben, ihn zu verlassen. Ich sprach leise und bedacht: „Raffaelo, jetzt ist es vorbei. Es tut mir so leid. Aber diesmal gibt es kein Zurück. Ich liebe dich. Aber ich muss auf mich selbst achtgeben. Ich kann nicht mehr so tun, als sei alles gut. Ich werde heute zurück fahren. Bitte halte mich nicht zurück." Er spürte, dass es unumstößlich war und machte keine Anstalten, mich zurückzuhalten. Das tat noch mehr weh. Warum kämpfte er nicht, wie ich immer gekämpft hatte? Warum gab er das Trinken nicht auf? Warum tat er nicht einmal so, als wolle er es aufgeben?

Ich war verzweifelt. Ja, ich liebte ihn verzweifelt. Ich wollte nicht gehen und wusste doch, dass ich musste. Er zündete mir eine Zigarette an und obwohl ich sonst nicht vor dem Frühstück rauchte, nahm ich sie und steckte sie automatisch zwischen die Lippen. Ich fühlte mich so leer und ausgebrannt. So unglücklich war ich ja nicht einmal in München gewesen, als ich bemerkte, dass er einfach abgereist war, ohne mir Bescheid zu sagen. Jetzt fühlte ich seine Hände, hörte seine tiefe, weiche Stimme, sah sein schön geschnittenes Gesicht mit seinen dunklen Samtaugen. Wie sehr liebte ich diesen Mann. Ich war süchtig nach ihm, wie er nach Alkohol. Und ich sah es an ihm: „Süchtig sein ist nicht gut!"

„Bitte, bring mich zum Bahnhof, Amore!", flüsterte ich. Er litt, das sah ich. Aber er sagte nichts. Obwohl ich es so ersehnte, dass er versuchen würde, mich zurückzuhalten. Er verschwand im Bad und ich ging noch einmal hinaus in den Garten. Hübsch war es hier. Eine kleine Terrasse lud zum Verweilen ein. „Hier also hätte ich um ein Haar gelebt", ging es mir durch den Kopf. Wie gerne hätte ich es gewagt, mein Leben mit diesem Mann zu teilen, aber der Warnschuss war überdeutlich, ich konnte ihn nicht mehr ignorieren. Raffaelo kam so leise zu mir heraus, dass ich es erst bemerkte, als er zärtlich die Arme um mich schlang. Lange standen wir so da, schauten in das Grün, lauschten den Vögeln im Baum und taten so, als wäre alles gut.

„Komm, wir fahren", sagte ich endlich. Es würde nicht besser werden. Und der Zug fuhr bald. „Si, Bella, Befana mia!" flüstere er mir ins Ohr. Wie sollte ich das überstehen? Wie gerne würde ich mit ihm durchs Zimmer tanzen, wie am Abend meiner Ankunft und so sicher sein, alles mit ihm zu schaffen. Jetzt war ich sicher, dass es nicht zu schaffen war. Wir fuhren schweigsam zum Bahnhof nach Milano. Wieder eine lange Fahrt. Und doch zu kurz. Denn bald würde ich in den Zug steigen, der mich von ihm wegbringen würde. Ich umfasste seine Hand und drückte sie so fest, dass es ihm weh tun musste. Wir fanden endlich einen Parkplatz. Diese alltäglichen Dinge wollten so gar nicht zu meiner Stimmung passen.

Er kaufte mein Ticket. One way. „No, non ritorna", sagte er am Schalter. Nein, ich würde nicht zurückkommen. Wenn ich jetzt fuhr, würde ich nicht zurück kommen. Und ich musste fahren, das wusste ich. Aber mein Herz tat weh und mir wurde übel. Die Tränen liefen über meine Wangen und ich war so verzweifelt. Wie sollte ich das aushalten, ihn, meinen wunderbaren Raffaelo, nicht mehr wiederzusehen? Er brachte mich zum Bahnsteig, besorgte mir noch eine Flasche Wasser, eine Schachtel Zigaretten und Schokolade und stopfte mir alles in die Tasche. Dann hielt er mich in seinen starken Armen, während wir auf den Zug warteten. Ich an ihn gelehnt, spürte die ganze Verzweiflung dieses Augenblicks. Der Zug kam, viel zu früh, viel zu laut, viel zu bedrohlich. Ich presste meine Lippen auf seine und er strich mir über das Haar, wie so oft. Und dann stieg ich ein, in diesen Zug, der mich wegbringen würde von ihm, meiner großen Liebe, meiner Amore, meinem Leben. Er sorgte noch für mich, dass ich einen guten Platz am Fenster bekam, dann stieg er aus und ging davon. Wäre der Zug nicht in diesem Moment angefahren, ich wäre hinausgesprungen, zu ihm gelaufen und hätte mich in seine Arme geworfen.

Im Zug versuche ich meine Gedanken zu ordnen. Schmerzhaft zieht sich meine Brust zusammen und ich kann einfach nicht glauben, dass es vorbei sein soll mit Raffaelo und mir. Ich folge den Erinnerungen, wie wir uns eigentlich kennen gelernt hatten. Das war ja schon alles andere als gewöhnlich.

Ich hatte einen Job in einer holländischen Spedition in München bekommen. Als Sekretärin und Mädchen für alles. Aber das wurde mir bald sehr, sehr langweilig. Interessiert verfolgte ich die Disponenten, wie sie Ladungen vermittelten und LKWs durch ganz Europa dirigierten. Das gefiel mir. Auch die Fahrer, die vorbeikamen, um die Frachtpapiere zu holen, waren alle unkompliziert und nett. Ich wuchs immer mehr in dieses Geschäft hinein und war bald zuständig für den Export von Schrottpaketen nach Italien. Da passte es natürlich, dass ich Ingrid Ott hieß und schnell wurde mir der Ehrentitel „Schrott-Ott" verliehen. Als solche war ich bald bekannt bei den Speditionskollegen und beliebt bei den Fahrern. Eines Tages hatte ich einen Spediteur eines anderen Unternehmens in der Leitung und als ich seine sonore, tiefe Stimme hörte, lief mir eine Gänsehaut über den Rücken. Wow, was für eine Stimme! Ich sah zu, dass ich öfter mit ihm etwas zu besprechen hatte und freute mich über jedes noch so belanglose Gespräch mit ihm.

Diesen Mann musste ich kennen lernen. Nur, wie sollte ich das anstellen? Ich konnte ja schlecht sagen: „Ja, das mit der Ladung nach Italien klappt – ach und übrigens, gehen Sie mit mir aus?" Sooo mutig war ich dann doch nicht. Aber ich würde mir etwas einfallen lassen. Meinem Chef erzählte ich etwas von „Kooperation mit den anderen Speditionen und eine Deutschland-Italien-Linie aufbauen" und dass man sich doch einmal persönlich kennen lernen sollte.

Da erwischte ich meinen holländischen Chef auf dem richtigen Fuß, denn er feierte für sein Leben gern. Und so wurde hochoffiziell eine Einladung an die „wichtigsten Geschäftspartner" ausgesprochen und es gab einen kleinen Empfang in unseren Büroräumen. Als ich „ihn" begrüßte, gaben für einen kurzen Moment meine Knie nach und die Gänsehaut, die ich schon von den Telefonaten mit ihm kannte, lief mir wieder über den Rücken. Er sah einfach umwerfend aus. Es passte alles zusammen: die tiefe, weiche Bassstimme und sein selbstsicheres Auftreten. Dunkle, samtige Augen unter dichten, schwarzen Locken schauten mich verführerisch an und ich konnte meine Aufregung nicht vor ihm verbergen. Und ich wollte es auch nicht. Er sollte ja auf mich aufmerksam werden, sonst wäre der ganze Aufstand ja ganz umsonst gewesen, jedenfalls was mein geheimes, privates Anliegen anging. Er legte den Kopf auf die Seite, rieb seine Hände aneinander und schaute mich fragend an. Ich bemühte mich, über das Geschäft zu sprechen und wie wichtig ich es fände, sich für eine gute Zusammenarbeit einmal persönlich zu treffen. Ich achtete darauf, auch mit den anderen Gästen zu sprechen, schaffte es jedoch nur halbherzig. Zum Abschied verteilte ich an alle Besucher eine Geschäftskarte. Nur ihm reichte ich dazu auch meine private Visitenkarte. Er blickte darauf, verstand und lächelte. „Ich melde mich mal die Tage, versprochen!" sagte er und ich hätte am liebsten einen Luftsprung gemacht.

Der Rest ist Geschichte und schon wieder Vergangenheit. Ich schniefe und versuche, nicht in lautes Schluchzen auszubrechen.

Heute, Jahre später, bewundere ich mich selbst für meine weise Entscheidung. Aber ich bin auch dankbar für diese herrlich verrückte Zeit mit ihm. Durch ihn entstand meine Liebe zu Italien und ich verbrachte drei hinreißend schöne Monate in Florenz in einer Sprachenschule. Milano besuchte ich seither nie mehr. Den Dom, mit „la bella Madunnina", wie die Mailänder ihre Madonna auf dem Dom liebevoll nennen, la Galleria an der Piazza Duomo, eine edle Einkaufsmeile überspannt mit einer prachtvollen Glaskuppel, die Bar Porta Bella, all diese Bilder habe ich in meinem Herzen bewahrt. Und ich singe manchmal immer noch: „Stra Milano, esse, ti, erre, a, emme, i, elle, a, enne, o!" Und höre ich Nino Rossi singen: „Milan, bella Milan, te seet la mia innamorada!" überkommt mich eine melancholische Stimmung, aber auch eine tiefe Dankbarkeit für diese herrlichen Erinnerungen.

Und seitdem wollte ich immer nach Italien gehen. Aber dazu fehlte mir der Mumm. So entstand die Idee, nach Südtirol zu ziehen.

Und nun war ich hier gelandet. In St. Andrä, 1000 m hoch gelegen über Brixen, der wunderschönen Domstadt. Und es war Weihnachten. Mein erstes Weihnachten allein. Ganz bewusst wollte ich diesen neuen Lebensabschnitt alleine feiern und mich von nichts und niemandem ablenken lassen.

Ich bin froh, dass meine Tiere bei mir sind. Die Katzen sind die vielen Umzüge schon gewöhnt und haben sich schnell eingelebt. Sie haben einen neuen Lieblingsplatz auf der Ofenbank gefunden und bieten ein Bild der Ruhe und Gemütlichkeit. Meine Hunde, Allissa und Roxy, sind sowieso da zu Hause, wo ich bin und sie lieben es, mit mir die neue Heimat zu erkunden, durch die neuen Wälder zu streifen und den neuen Garten in Besitz zu nehmen.

Ich muss erst lernen, einzuheizen. Der Ofen zieht schlecht und ich habe Mühe, das Feuer zu entfachen. Und es ist kalt, bitterkalt. Ich bin es überhaupt nicht gewöhnt, im Haus keine Heizung zu haben. Ich mache es zu meinem Morgenritual, erst einen heißen Tee zu trinken, dann das Feuer anzuzünden und sobald es gut brennt, mit der Schubkarre von der Holzlege hinter dem Haus so viel neues Holz zu holen, dass es für den ganzen Tag ausreicht. Das tägliche Holzhacken wird hier zu meinem Ausgleichssport.

Am Morgen ist es am schlimmsten. Ich will nicht aus dem warmen Bett und durch das kalte Haus in die Küche laufen, um anzuheizen. „Wann bin ich eigentlich das letzte Mal barfuß durch mein Haus gelaufen?", frage ich mich. Ob das in diesem Holzhaus, hier oben auf dem Berg, mit dem kalten Steinfußboden im Bad, dem Gang und der Küche jemals möglich sein wird? Es bleibt eine ewige Herausforderung für mich, jedenfalls in der kalten Jahreszeit – und die ist hier lang, sehr lang. Ich dachte ja, ich ziehe nach Südtirol, da ist es viel wärmer und schöner als in Bayern. Das stimmt auch. In Brixen unten. Da sitzen sie ja schon im Januar wieder draußen auf dem Domplatz in der Sonne. Aber hier oben in St. Andrä, in Sankt Anders, wie die Einheimischen es liebevoll nennen, hier oben ist es lange kalt. Die Sonne blitzt vom zuckerlblauen Himmel, aber die Luft ist kalt und der Wind eisig. Ich friere. Ich friere eigentlich ständig. Selbst wenn der Ofen bullert, heizt er zwar den vorderen Teil der Stube gut, aber wenn ich mich hinten im Zimmer auf meine Couch setzen will, fröstle ich und ziehe mir zu den dicken Socken und dem Winterpulli noch die Decke fest um den Körper. Und draußen auf dem Gang, im Bad und den angrenzenden Zimmern ist es kalt, immer. Es gibt zwar kleine elektrische Öfchen, die aber nicht zum Durchheizen gedacht sind. Das würde auch bei den italienischen Strompreisen ein Vermögen kosten. Einmal messe ich in der Gästetoilette 1 Grad. Darauf bin ich fast stolz. Wer kann sowas heutzutage schon vorweisen.

Es ist Anfang Februar und jetzt geht es mir richtig schlecht. Nicht nur, dass es kalt ist im Haus und ich es nicht schaffe, richtig einzuheizen. Es friert mich innen drin. Diese innere Kälte ist noch schlimmer. Es ist diese Einsamkeit, die ich selbst gewählt habe. Das habe ich auch nicht vergessen. Aber jetzt schwindet aller Mut, alle

Zuversicht, alle Freude und macht dieser schwarzen Kälte in mir Platz. Ja, genauso fühlte es sich an: schwarz und kalt. Ich lege mich zusammengerollt auf das Bett auf dem gemauerten Ofen, weil ich hoffe, dass die Wärme schnell nach oben steigt, nachdem ich angeheizt habe. Sumi, meine flauschige Katzenprinzessin, legt sich zu mir. Allissa wedelt mit dem Schwanz und macht damit ein dumpfes Geräusch auf dem Holzboden der Stube. Sie spürt, wie schlecht es mir geht und will mich trösten. Das macht sie immer und ich finde es einen Gedanken lang rührend. Dann versinke ich wieder im Schwarz meiner inneren Kälte. Ich leide und ich tue mir leid dafür. Ja, ich fühle mich als Opfer der Umstände und irgendwo ganz weit hinten in meinem Kopf weiß ich, dass das nicht gut ist. Ich will da raus und weiß gerade nicht wie.

Ich habe noch kein Telefon und keinen PC-Anschluss, so kann ich mich auch nicht bei meiner Freundin Laureen ausheulen. Denn mit dem Handy ein Freundinnendauergespräch nach Deutschland zu führen ist eindeutig zu teuer.

Ich lerne, dass auch in Südtirol italienische Mühlen mahlen. Und das langsam. Aber irgendwann bekomme ich den Anschluss gelegt und habe eine italienische Festnetznummer. Das ist ein Fortschritt und meine Depressionsneigung verfliegt etwas. Es sollte noch Wochen dauern, bis ich auch einen Internetanschluss bekomme.

Dem Himmel sei Dank besucht mich Wolfram ganz oft. Er kümmert sich liebevoll um all die Arbeiten im und um das Haus. Er legt mir ein zusätzliches Licht in die Küche, schafft es, meinen PC auf das italienische Internet einzustimmen und hackt jedes Mal einen Wochenvorrat an Holz. Und er beherrscht das Einheizen, so dass wir es bis spät in die Nacht schön warm haben, wenn wir uns über Gott und die Welt unterhalten. Er ist ein richtiger Engel für mich, der mir auch stundenlang zuhört, wenn er übers Wochenende da ist. Ich glaube, ohne ihn wäre ich verrückt geworden oder hätte mich meiner Depression ergeben. Ich könnte es auch richtig genießen, mit ihm zusammen zu sein, wüsste ich nicht, was er für mich empfindet. Er würde alles für mich tun, um mich für sich zu gewinnen. Ich schätze ihn als Freund. Nein, ich liebe ihn, als Freund. Er ist mir so wichtig und nicht nur, weil er mich hier vor der Einsamkeit rettet. Wir hatten ja schon auf Lesbos, als wir uns im Robert-Betz-Kurs kennen lernten, eine innige Verbindung. Und er besuchte mich ja auch schon in Aschau im Chiemgau, wo es mir absolut fantastisch ging. Und ich freute mich jedes Mal, wenn er zu Besuch kam.

Aber hier, wo ich so anhänglich bin, weil ich es ohne ihn kaum aushalte in der Kälte und der Einsamkeit, merke ich, wie er sich mehr und mehr Hoffnungen macht. Ja, ich hatte ihm gleich vor seinem ersten Besuch geantwortet, als er mich fragte, ob er mich besuchen kommen könne, dass ich mich freuen würde, dass es aber bitte klar sein müsse, dass er im Gästezimmer schlafe. Und so gibt es darüber auch nichts mehr zu sagen. Aber ich fühle seine Liebe. Seine Liebe zu mir ist so anders als meine zu ihm. Ich stecke emotional richtig in der Klemme. Ich rede mir ein, dass er ja weiß, was er mir bedeutet. Aber es schmerzt mich auch zu wissen, dass ich ihn jedes Mal enttäusche.

Dann kommt zu Ostern auch noch Karsten zu Besuch und beide Männer machen gute Miene zum verlorenen Spiel. Denn das Chaos mit Karsten will ich garantiert nicht noch einmal erleben und er selbst ist, glaube ich, auch geheilt von unserem missglückten Versuch, ein Paar zu werden. Und so kommen die beiden gut miteinander aus, da jeder weiß, dass der andere ebenso wenig Chancen hat, mich zu gewinnen. Und tief drinnen genieße ich natürlich die Situation, von beiden Männern begehrt zu werden. Das tut meiner geschundenen, verfrorenen Seele einfach gut.

Gespräche mit Gott

Band I von „Gespräche mit Gott" von Neal Donald Walsch hat mich befreit. Befreit von einer angstvollen Beziehung zu Gott. Von einer latenten Lebensangst, der Angst vor dem Tod und der Hölle.

In der Volksschule in Bad Reichenhall hatten wir Katechismusunterricht. Ich mochte schon das Wort „Katechismus" nicht. Der Katechismus ist ein Handbuch der katholischen Kirche. Ich war vielleicht sieben, als wir lernten, wie wichtig die Taufe sei. Denn würde ein Neugeborenes nicht getauft und sterben, käme es unweigerlich in die Hölle. Oder an einen extra Ort für nicht getaufte Babys, aber auf keinen Fall in den Himmel. Ich erinnere mich so gut daran, dass ich aufstand und mit meinem kleinen Fuß aufstampfte und laut sagte, dass ich das nicht glaube. Ich konnte mir einfach nicht vorstellen, dass Gott so etwas zuließ. Ja vielmehr noch hatte ich eine innere Sicherheit, dass diese Idee von den nicht getauften Babys kompletter Unsinn ist. Daraufhin musste ich 30-mal in mein Heft schreiben: „Ich soll dem Herrn Lehrer nicht widersprechen".

Später kam ich in die Realschule der „Englischen Fräulein" im Kloster in Bad Reichenhall. Ich war eine „Halbinterne", d. h. ich war den ganzen Tag über im Kloster und ging nach dem Nachmittagsunterricht um 17 Uhr wieder nach Hause. Meine Eltern, meine Oma und ich wohnten in der „Oberen Stadt" nahe an der St.-Nikolaus-Kirche. Eine freundliche, helle Kirche, mit Natursteinen und dem wunderbaren, lieblichen Marienbild, das den Brand beim Bombenangriff wundersamer weise heil überstand. Der Stadtpfarrer Winkler war ein gemütlicher, stattlicher Mann, der immer einen kleinen Scherz für uns Kinder auf den Lippen hatte. Er hatte mich in der Salinen-Kapelle getauft und sagte mir das auch immer wieder einmal. „Ja, meine liebe kleine Ingrid, dich hab ich ja auch getauft. Bist ein liebes Mädchen". Zu ihm ging ich gerne in die Messe. Er donnerte nicht mit Strafpredigten, sondern ermunterte die Gemeinde immer wieder, Gutes zu tun und sich auf das rechte Leben zu besinnen.

Das Kloster war in der „Unteren Stadt" bei der St.-Zeno-Kirche. Eine für mich dunkle, bedrohlich wirkende Kirche, die nichts mit dem für mich heimeligen Ambiente der Nikolaus-Kirche zu tun hatte. Hier wurden wir auch auf die Firmung vorbereitet, was so manche Standpauke und Strafpredigt beinhaltete. Der Pfarrer von St. Zeno war ein ernster, verschlossener Mensch, vor dem wir Mädchen alle Respekt und oft auch Angst hatten.

Aber nicht nur den Pfarrer von St. Zeno empfand ich als bedrohlich. Auch die Schwester Oberin vom Kloster war eine strenge, unnahbare Frau.

Als ich einmal erst gegen 17.30 Uhr das Klostergebäude verließ, rief die Schwester Oberin aus dem Fenster im ersten Stock herunter: „Wo kommst denn du her?" Ich beichtete, dass ich mir noch eine Tasse Tee in der Küche geholt hatte, weil ich noch durstig gewesen war. Das hatte ein lautstarkes Gezeter zur Folge. Sie würde meinen Eltern das extra in Rechnung stellen, das stünde mir nicht zu und überhaupt sei ich ein ganz unerzogener Fratz und wir würden darüber noch zu reden haben. Mit eingezogenen Schultern, voller Schuldgefühle, die ich nicht verstand, zog ich ab.

Der Klostergarten war mir Zufluchtsort und meine ganze Freude an diesem sonst so ungemütlichen Ort. Es war ein großzügiger Platz mit dichtem Baumbestand, mit Bänken in der weitläufigen Wiese, einer kleinen Kapelle und in der Mitte einer Art Turm, in dem sich unten Sportgeräte befanden und man, wenn man die Treppen nach oben stieg, eine weitläufige Terrasse vorfand. Einfach ein herrlicher Platz zum Spielen und zum Bestehen von Abenteuern. Ich stahl mich in den Pausen so oft es mir nur gelang, dorthin. Es war allerdings nicht erwünscht, dass sich Mädchen allein im Klostergarten aufhielten. Wir mussten nach dem Mittagessen im düsteren Speisesaal, in Zweierreihen, Hand in Hand, spazieren gehen, vorne und hinten bewacht von zwei Schwestern. Ich jedoch war lieber für mich allein. Ich mochte dieses Reglement nicht und hatte auch damals schon einen starken Freiheitsdrang.

Begegneten wir auf dem Spaziergang ein paar Jungen, hieß die Anforderung der Schwestern: Blick nach rechts! (natürlich weg von den Buben) Etwas, das mich schon damals als junges Mädchen eigenartig anmutete. Eine Freude war es für mich, nach dem Essen Küchendienst zu übernehmen. Die Küchenschwester Hiltrudis war eine leibliche Schwester der Mater Meridis, der „Chefin des Klosters" und meine große Liebe. Sie war eine weiche, große, rundliche Frau mit wachen Augen und immer einem Lächeln auf den Lippen. Sie war das Gegenteil ihrer Schwester. Sie war mit sich und der Welt im Einklang, freundlich und zugänglich, mit einer warmherzigen Ausstrahlung. Ich ging ihr gerne zur Hand und hatte das Gefühl, auch sie freute sich, wenn ich zu ihr in die Küche kam. Es gab noch einen zusätzlichen Anreiz für mich, so oft es ging zum Küchendienst eingeteilt zu werden. Die anderen brachen inzwischen zum Spaziergang auf und ich konnte nach dem Dienst allein in den Garten, in die Lesestube oder zum Klavierspielen gehen.

Irgendwann wurde es bemerkt, dass ich auffällig oft den Küchendienst absolvierte und ab da wurde mir verboten, überhaupt noch einmal in die Küche zu gehen. Ich durfte noch nicht einmal meiner geliebten Schwester Hiltrudis Bescheid sagen und litt sehr darunter, ihre Liebe und die kleinen Freiheiten nicht mehr genießen zu können.

Schlimm war die pädagogisch vollkommen unzulängliche Unterrichtsführung. Das war natürlich zu damaliger Zeit völlig normal. Meine große Stärke war es nun mal nicht, mich mit Zahlen jeglicher Art zu befassen. Rechnen, Algebra und Buchführung waren mir ein Gräuel. Mater Agatha, eine schon sehr betagte Klosterschwester bestärkte diese Ablehnung auch noch, als sie mich im Unterricht fragte, da ich mich meldete: „Ja, Ingrid, hast du was zu sagen? Hast du gar nicht bemerkt, dass wir Buchführung haben?"

Die Schwester Oberin kam immer mal wieder unangekündigt in die Klasse, ließ uns Mädchen in einer Reihe aufstellen und hob dann der Reihe nach die Röcke von uns hoch, um zu schauen, ob wir auch warme, züchtige Unterhosen anhätten. Ich wurde des Öfteren nach Hause geschickt, um mir von meiner Mutter „anständige Wäsche" geben zu lassen. Immerhin war das ein Schulweg von 30 Minuten einfach, den ich dann an diesem Tag zwei Mal mehr zu absolvieren hatte. Denn natürlich musste ich mich bei der Schwester Oberin melden und sie überzeugte sich eigenhändig, ob ich den „guten Rat" auch angenommen hätte.

Im Religionsunterricht wurde uns eingetrichtert, die Zehn Gebote strikt zu befolgen, da uns sonst das Fegefeuer, oder schlimmer noch, das unendliche Höllenfeuer erwarte. Es wurde genau unterschieden zwischen leichten Sünden und Todsünden. Letztere führten unweigerlich geradewegs in die Hölle. Diese Vorstellung führte bei zart besaiteten Mädchen zu unvorstellbaren Ängsten. Eine meiner Cousinen, die ebenfalls in diese Schule ging, quälten jahrelang die schlimmsten Alpträume und sie blieb ein stiller, verschlossener Mensch.

Bei mir zeigten sich diese Ängste eher in einer allgemeinen Lebensangst, die allgegenwärtig, wie ein Schleier über allem lag.

Eines Tages rief mich Mater Meridis, die Schwester Oberin, in ihr Büro, was nichts Gutes verhieß. Sie empfing mich mit den Worten, dass ich ihre liebste Schülerin sei und sie deshalb einmal mit mir reden müsse. Sie lobte mich noch für dies und jenes und ich spürte, dass etwas nicht stimmte.

Dann rückte sie mit der Sprache heraus, was ihr eigentliches Anliegen war. Sie redete mir „gut zu", dass ich doch nicht so werden solle wie meine Mutter. Ich verstand die Welt nicht mehr. Meine Mutter war für mich eine Königin. Heißgeliebt, verehrt und bewundert. Sie war eine wunderschöne Frau, mit langen schwarzen Haaren. Und ich traute mich nicht, nachzufragen, was das alles zu bedeuten habe.

Als ich zu Hause meinem Vater davon erzählte, wurde er fürchterlich zornig und versprach mir, die Schwester Oberin zur Rede zu stellen. Ich solle auf solch einen Schmarrn nicht hören. Sie hätte einfach keine Ahnung, was meine Mutter für eine tolle Frau sei. Es sei ihr einfach nur ein Dorn im Auge, dass sie Schauspielerin ist. Diese Erklärung half mir, diese ungeheuerliche Aussage einzuordnen. Eine Unsicherheit jedoch blieb, ob ich überhaupt noch einmal jemandem erzählen sollte, dass meine Mutter Schauspielerin war und am Landestheater in Salzburg auf der Bühne stand. Ich war immer so stolz darauf gewesen. Aber eins wollte ich definitiv schon: so werden wie meine Mutter!

Wenige Tage später kam mein Vater zu einem Gesprächstermin ins Büro der Rektorin. Sie empfing ihn betont freundlich, ließ sich noch einmal darüber aus, was für ein liebes Mädchen ich sei und fragte ihn nach seinem Anliegen. Mein Vater erkundigte sich bei ihr, was es mit der Aussage auf sich habe, dass ich nicht so werden solle wie meine Mutter und dass es wohl sehr ungehörig sei, das überhaupt einem Mädchen zu sagen. Sie wand sich und bekräftigte immer wieder, dass es ihr ja nur um mein Wohl gehe. Mein Vater wurde ob ihrer wiederholten Aussagen wütend und teilte ihr mit, dass er beschlossen habe, mich von der Schule zu nehmen. Wie habe ich meinen Vater da geliebt! Wie stolz war ich auf ihn! Er hatte es gewagt, für mich einzustehen vor dieser strengen, unnahbaren, unnachgiebigen Schwester Oberin. Das war die reinste Liebeserklärung meines Vaters an mich. Und es war ein Sieg! Endlich sollte ich aus ihrer Befehlsgewalt entlassen werden, weg aus diesen ungeliebten Mauern, die mich immer einschüchterten.

So kam ich nach Freilassing in die Mädchenrealschule, die ebenfalls von Klosterschwestern geführt wurde, allerdings nicht in einem Kloster, sondern in einem ganz normalen Schulgebäude.

Ich fühlte mich sehr viel wohler dort und nahm dafür gerne den weiten Schulweg mit dem Zug auf mich.

Mein einziges Problem war eine Sportlehrerin, die gut einen strengen Feldwebel abgegeben hätte. Und meinen geliebten Klostergarten vermisste ich. Die Schule hatte nur einen geteerten Schulhof und ich vermisste „meine" Bäume und den für mich so wichtigen Rückzugsort. Aber ansonsten war es ein heilsamer Wechsel und ich verbesserte meine Noten, sogar in der Mathematik. In die Physik- und Chemielehrerin verliebte ich mich derart, dass ich in diesen beiden Fächern Bestnoten schrieb. Sie war eine schmale, zierliche Frau, mit einer Hochfrisur und dunklen Wollstrümpfen. Ich muss schmunzeln: heute trage ich manchmal meine Haare auf ähnliche Weise hochgesteckt.

Was meine katholische Erziehung anging, wirkte auch meine kleine Oma mit und trug dazu bei, großen Respekt vor allem Kirchlichen zu haben. Sie war eine liebevolle, einfache, genügsame Frau. Für sie war es selbstverständlich und eine Freude, sonntags in die Kirche zu gehen und wann immer möglich, auch unter der Woche in die Frühmesse. Weihnachten durfte ich mit ihr in die Christmette gehen und Ostern in die Osternacht.

Sie hatte eine schöne Sopranstimme, war im Kirchen-
chor, und ich liebte es, ihr zuzuhören oder mit ihr die
gängigen Kirchenlieder zu singen. Das waren zauberhaf-
te Momente voller Inbrunst und Hingabe. Aber natürlich
saß die Angst zu sündigen (oh, was hätte meine Großmutter denn sündigen sollen?) tief in ihr. Auch sie hatte
die Drohungen über die Hölle mit der Muttermilch auf-
gesogen und gab diese Ängste unbewusst an mich weiter.

Als ich ihr meinen Verlobten Sepp vorstellte und sie
mit ihm besuchte, konnte ich diese tief sitzende Angst
hautnah miterleben. Sepp und sie mochten sich gleich auf
Anhieb. Sie freute sich, dass wir bald heiraten würden.
Ich wollte meinem Zukünftigen meine Heimatstadt zeigen und die schönen Orte ringsum, wo wir früher überall
gewohnt hatten und wir beschlossen, ein Wochenende
hier zu verbringen. Ich hatte mein eigenes Zimmer in der
Wohnung meiner Großmutter und Sepp konnte auf dem
Diwan in der Küche schlafen. Wir plauderten abends
noch lange und waren ganz vergnügt, als wir alle zu Bett
gingen.

Zwischen meinem Zimmer und dem Schlafzimmer
meiner Großmutter war eine Öffnung in der Wand, in der
sich ein Ölofen befand, der somit beide Zimmer heizte.
Als ich mich nachts wohlig in Kindheitserinnerungen und
in dem dicken, schweren Plumeau räkelte, hörte ich
plötzlich etwas aus dem Zimmer nebenan. Ich lauschte.
Und tatsächlich hörte ich meine Oma leise weinen. Ich

stand auf, ging zu ihr ins Zimmer und stellte mich an ihr Bett, streichelte ihre Hand und fragte, was passiert sei. Sie wiederholte immer wieder weinend: „Ich bin so sündig – ich bin so sündig!" Ich konnte nicht verstehen, was sie damit meinte und fragte nach. Sie erklärte mir mit tränenerstickter Stimme, dass sie zugelassen habe, dass wir unverheiratet unter einem Dach schlafen. Und das sei nicht richtig. Auch meine Beteuerungen, dass Sepp ja in der Küche und ich am anderen Ende des Ganges in meinem Zimmer schlief, konnten sie nicht besänftigen. So tief saßen die Überzeugungen, die ihr von Kirche und strenger Erziehung eingetrichtert wurden.

Ich war um die 43 Jahre alt, als mir das Buch „Gespräche mit Gott" von Neal Donald Walsch in die Hände fiel.

Ich war von Anfang an gefesselt von diesen Worten. Sie drangen tief in mein Herz. Sie berührten mein ganzes Sein. Ja, das war der Gott, den ich mir als Kind vorgestellt hatte. Das war der Gott, mit dem ich reden konnte. Begründet auf Liebe, nicht auf Angst. Die Aussagen waren für mein Weltbild revolutionär und doch so absolut logisch und stimmig. Ich las, dass etwas nur wahr für mich ist, wenn es sich gut und stimmig anfühlt. Und, dass ich meiner Wahrheit trauen und vertrauen durfte. Diese Botschaft, dass Gott uns Menschen liebt und wir einfach auf der Erde inkarniert sind, um Erfahrungen zu machen, nahm eine zentnerschwere Last von mir. Und ich darf alles erfahren, was ich erfahren will. Ohne Wertung, ohne die Idee von Sünde. Sex ist genauso eine herrliche Erfahrung wie Kuchen essen oder was auch immer und genauso „erlaubt". Die Kirche hat alles verdreht. Sie machte uns glauben, wir seien schlecht, könnten aus Gottes Liebe herausfallen. Was für ein Gott wäre das? Erst gäbe er uns die Möglichkeit, alles Mögliche auszuprobieren, um uns dann genau dafür zu strafen? Er hätte uns als Wesen geschaffen, die körperliche Lust erfahren können, um uns dann genau dafür abzulehnen? In meinen Augen grotesk!

Ich las dieses Buch bestimmt 17-mal und mit jedem Lesen fühlte ich mich befreiter, leichter, geliebter und vor allem stimmiger. Ich durfte nicht nur so sein, wie ich bin, ich bin auch richtig so. Ich bin so gemeint, wie ich bin. Genau so! Welch eine Botschaft, welch eine wunderbare Nachricht! Und ich fühlte, dass diese Aussagen für mich stimmten, dass sie allesamt für mich wahr waren.

Eine Textstelle fasziniert mich besonders (sinngemäss): „Erst erschaffe ich, Gott, euch so fehlerhaft, dass ihr sündigen könnt. Dann gebe ich euch 10 Gebote, die ihr nie imstande seid, einzuhalten und dann bestrafe ich euch dafür. Was für eine Logik ist das?"

Nachdem dieser erste Band auch als Hörbuch erschienen ist, höre ich dieses Buch immer und immer wieder. Diese Botschaft hat mich geheilt, mir die Angst genommen, nicht nur die vor dem Tod, sondern auch die vor dem Leben.

Heute habe ich eine innige, kindliche, wunderbar freundschaftliche Beziehung zu Gott.

Aus der Kirche bin ich ausgetreten. Das war nicht einfach für mich. Ich wollte nicht mehr verbunden sein mit einer Institution, die mir über Jahre Angst eingejagt hatte. Aber ich hatte auch eine tiefsitzende Angst vor Verdammnis, sollte ich keiner Kirche mehr angehören. Die Ablösung ging in mehreren Schritten vor sich. Ich wechselte erst einmal vom katholischen zum evangelischen Glauben. Ich hatte eine Freundin, die sogar als Religionslehrerin, sie hatte Theologie studiert, von der katholischen zur evangelischen Kirche konvertierte. Mit ihr führte ich lange Gespräche und die lockerere Sichtweise der evangelischen Kirche gefiel mir. Auch das Abendmahl berührte mich tief. Im Kreis mit anderen Gläubigen zu stehen, gemeinsam die Kommunion zu empfangen, war ein tiefgreifendes Erlebnis für mich. Beim ersten Mal liefen mir die Tränen übers Gesicht, so bewegt war ich.

Bestärkt zu wechseln wurde ich auch durch Daniel. Er kam eines Tages weinend von der Schule, er war vielleicht acht Jahre alt, und auf meine Frage hin, was denn passiert sei, erklärte er mir schluchzend, dass er so sündig sei. Kalte Wut stieg in mir hoch und ich dachte: „Das darf doch nicht wahr sein! Erzählen die diesen Käse heute noch den Kindern und jagen ihnen von klein auf Angst ein?" Ich war empört. Erst einmal musste ich mich beruhigen, dann nahm ich meinen kleinen Schatz in den Arm, wiegte ihn sanft und erzählte ihm von meinem „neuen" Gott. Davon, wie lieb er uns alle hat und dass wir uns gar nicht so dumm anstellen könnten, dass er uns nicht mehr lieb hat.

Am kommenden Tag ging ich in Simons Schule und machte meinem Ärger Luft. Ich ordnete an, dass Daniel ab sofort nicht mehr am Religionsunterricht teilnehmen dürfe. Nach einem Gespräch mit Sepp und dem Abwägen der verschiedenen Möglichkeiten, beschlossen wir aber, dass Daniel nicht vollkommen ausgeschlossen werden sollte von den kirchlichen Ritualen.

Ich vereinbarte einen Gesprächstermin mit der Pfarrerin der evangelischen Gemeinde. Ich war neugierig, wie denn eine Pfarrerin gekleidet sei und ich spürte, wie verklemmt ich im Grunde in dieser Thematik war. Ich konnte mir eine Frau in diesem Amt einfach nicht vorstellen. Ich wurde äußerst angenehm überrascht. Eine natürlich wirkende Frau in einem feminin geschnittenen Kostüm empfing mich. „Wow!", dachte ich, „Wie schön sie ist." Wir mochten uns auf Anhieb. Es wurde ein freundschaftliches Gespräch und ich traute mich, all meine quälenden Fragen zu stellen. Sie war so natürlich, so liebevoll und so klar, dass ich mich geborgen und verstanden fühlte. Sie erklärte mir die Formalitäten und sie war auch offen dafür, ein kleines Fest zu veranstalten, um Daniel die Veränderung zu erleichtern.

Zu diesem Fest luden wir Freunde ein, die ebenfalls konvertiert waren. Erstaunlich war für mich, dass einige Paare aus unserem Freundeskreis diesen Schritt gemacht hatten. Das war mir bis dato nicht bewusst gewesen. Daniel fand es aufregend, im Turmzimmer der Kirche zu feiern. Es gab Kaffee, Kakao und Kuchen. Wir sangen gemeinsam und die Pfarrerin las uns eine schöne Geschichte vor. Die Konfirmation war dann auch ein wichtiger Meilenstein für Daniel, und Sepp und ich waren glücklich, diese Entscheidung getroffen zu haben.

Eine lustige Komponente hatte es später noch für mich, dass ich nun evangelisch war. In zweiter Ehe mit Andreas konnte ich nun noch einmal kirchlich heiraten. Es traute uns eben diese Pfarrerin aus München und das ganze Dorf stand Kopf. Auch hier in unserem 100-Seelen-Dorf konnte sich niemand eine Pfarrerin vorstellen. Nach der Trauung sagte der Mann meiner Trauzeugin: „Sie hat's schon auch können, die Frau Pfarrerin." Es zeigte sich, dass sie auch Humor besaß und sie lachte herzlich mit uns. Als sie dann in einem bunten Sommerkleid zu unserem Fest kam, standen so einige Münder offen. Sie war wirklich eine schöne Frau!

Ich bin mit Gott verbunden, am meisten spürbar für mich in der freien Natur. Wenn etwas absolut nicht gelingen will, ich in einer ausweglosen Situation bin, gehe ich in den Wald und schimpfe kräftig „nach oben". Nach dem Motto: „Ihr da oben wisst genau, was ich brauche und mir sehnlichst wünsche! Jetzt macht mal vorwärts!" Und auf wunderbare Weise kommt das Gewünschte in mein Leben.

Das letzte Mal schimpfte ich auf diese Weise, als ich dringend eine neue Wohnung brauchte, nach der Trennung von Andreas und ich keinen Vermieter fand, der mir seine Wohnung geben wollte, wegen meiner zwei Hunde und der Katzen.

Ich schrie aus Leibeskräften im Wald und forderte Unterstützung. Und zwar sofort! Ich musste zwei Wochen später das riesengroße Haus, das ich mit Andreas bewohnt hatte, räumen und wusste noch nicht, wohin.

Bereits am nächsten Tag bekam ich die schönste Wohnung in einer toskanischen Villa in Aschau im Chiemgau. Mit einem naturbelassenen Garten und einem Bach, der das Grundstück begrenzte. Meine Begeisterung war kaum zu beschreiben. Auf die Frage an den Vermieter, warum er mir diese wunderschöne, elegante Wohnung denn gebe, obwohl ich zwei Hunde und Katzen habe, sagte er nur: „Genau deshalb!"

Das ist die Macht des Glaubens! Mit meinem verzweifelten Schimpfen und Schreien sage ich ja aus, dass ich weiß und fest daran glaube, dass „DIE DA OBEN" mir helfen können. Dieser Glaube versetzt dann auch die berühmten Berge.

Ich hab mich einfach verliebt in „meinen Gott".

Veränderung

Ich bin erstaunt, wie sich mein Körper verändert. Seit dem Wechsel fällt es mir nicht mehr ganz so leicht, mein Gewicht zu halten. Öfter als früher habe ich einen „bad hair day" und wenn ich nachts durchschlafen kann, bin ich dafür dankbar. Es gibt aber auch äußerst positive Veränderungen! So entdecke ich an mir eine angenehme Gelassenheit, obwohl ich früher das Wort „Gelassenheit" zusammen mit meinem Namen niemals in einem Satz ausgesprochen hätte, weil Laura und Gelassensein zwei diametral gegenüberliegende Pole waren. Ich bin nicht mehr so erpicht darauf, im Mittelpunkt zu stehen und kann mich vorbehaltlos freuen, wenn anderen Anerkennung gezollt wird. Schon zu meinem 50. Geburtstag gratulierte mir mein Vater mit der Bemerkung: „Jetzt gehst aber gach auf die sechzig zu!", was mich, da ich meinen Vater und seinen trockenen Humor gut kenne, belustigte. Inzwischen bin ich da bedeutend näher dran. Heute ist der 3. Januar 2012 und ich feiere morgen meinen 57. Geburtstag. Inzwischen kann ich mein Alter nicht mehr verleugnen, was ich auch gar nicht will. Ich stehe zu meinem Älterwerden und seinen ganzen positiven, wie auch den nicht ganz so angenehmen Auswirkungen. Meine Energie ist ungebrochen und meine Vision ist, mit 100 noch topfit auf der Bühne zu stehen. Mein Credo ist: „Ich werde 125 in bester körperlicher, geistiger, seelischer und emotionaler Gesundheit". Und sollte mich der

Herrgott doch eher abrufen, dann war es doch eine beflügelnde Idee.

Ein bisschen wehmütig denke ich schon an meinen 50. Geburtstag zurück. Was war das für ein Fest! Viele Gäste meinten, es sei so schön gewesen wie eine Hochzeit.

Die Feier sollte an einem ganz besonderen Ort stattfinden. Eine Freundin wollte die ganze Planung übernehmen und machte mir Vorschläge. Ich wählte mit Susi zusammen ein Atelier aus, in dem Bilder von verschiedenen Künstlern hingen. In diesem besonderen Flair wollten wir meinen runden Geburtstag feiern. Susi kümmerte sich mit Begeisterung und Engagement um das Buffet, einen Klavierspieler, einen DJ und um eine umwerfende Dekoration des Raumes, der Tische und des Vorplatzes. Die Tische, sie wählte runde Achtertische mit Stühlen, über die elegante Hussen drapiert waren, mussten in den Saal transportiert werden. Jede einzelne Gabel, jedes Glas, jede Flasche Wasser und natürlich die Getränke, alles musste dorthin geschafft werden. Es war ein unglaublicher Aufwand. Aber er lohnte sich. Es war ein rauschendes Fest.

Als ich etwas eher in den noch menschenleeren Saal kam und die perfekte Aufstellung der Tische und die traumhaft schöne Dekoration bewunderte, fiel mein Blick auf ein Gemälde am anderen Ende des Raumes. Magisch wurde ich davon angezogen. Es zeigte eine

Flamencotänzerin, mit den Armen über dem Kopf in einer grazilen Bewegung. Es war ganz in meiner Lieblingsfarbe Rot gehalten. Nicht nur mit Licht und Schatten hatte die Künstlerin (ich las ihren Namen auf dem Schildchen neben dem Bild) gespielt, sie hatte auch mit verschiedenen Materialien eine faszinierende Wirkung erzeugt. Sofort dachte ich an meine Mutter. Sie liebte es, Flamenco zu tanzen. Am liebsten auf dem Tisch. Dieser Gedanke versetzte mir einen Stich in die linke Seite. Ich hatte alle mir wichtigen Menschen zu meinem besonderen Tag eingeladen. Menschen, die mich bis dahin begleitet hatten, die mir wichtig waren und die ich liebte. Nur meine Mutter konnte nicht dabei sein. Allzu früh war sie gestorben, richtiger: „hatte sie sich gestorben". Und nun hing da ein Bild von ihr. Natürlich war sie es nicht wirklich, aber für mich stellte dieses Bild meine Mutter dar. In ihrer anmutigsten Pose, die ich so liebte. Ich musste dieses Bild haben. Davon sollte mich auch der Vermerk „unverkäuflich" auf dem kleinen Schildchen nicht abhalten. Dieses Bild wartete auf mich und symbolisch feierte so meine Mutter meinen besonderen Tag mit. Ich machte mich auf die Suche nach dem Hausherrn und fand ihn in den Ateliers im ersten Stock. Ich fragte ihn, ob er die Künstlerin kenne und was dieses Bild mit der Flamencotänzerin kosten solle. Er sagte: „Ja, die Künstlerin kenne ich gut. Sie will dieses Gemälde jedoch nicht verkaufen. Sie hat es in einer Art Ekstase gemalt, hat sie erzählt." Das sah ich, dass dieses Bild eine ganz besondere Ausstrahlung hatte. Aber ich gab nicht nach und bat um die Telefonnummer der Malerin. Er gab sie mir gerne. Er überreichte mir eine Visitenkarte der Künstlerin mit einem Foto darauf, genau von „meinem" Bild. Das war ein Zeichen! Ich würde das Bild bekommen!

Dann fragte er mich, ob ich die Jubilarin kenne, die heute hier ihren 50. Geburtstag feiere, denn er würde ihr gerne gratulieren. Ich sagte: „Fein, dann können Sie mir ja gleich gratulieren." „Nein", erwiderte er, „ich meine die Dame, die heute ihren 50. Geburtstag feiert." Ich verstand nicht und wiederholte: „Ja, Sie können mir gratulieren!" Doch auch er verstand nicht und wiederholte seinen Wunsch. Einen Moment lang sahen wir uns perplex an, dann fiel bei mir der Groschen. Das war das schönste Kompliment, das ich bekommen konnte. Der Herr konnte sich einfach nicht vorstellen, dass ich die Jubilarin sein sollte. Und als sich das Missverständnis aufklärte, war er wirklich baff. Ich ging gut als 35-jährig durch und so fühlte ich mich auch. Beschwingt tänzelte ich die Treppe hinunter und begrüßte die ersten Gäste.

Die Flamencotänzerin

Die Künstlerin der „Flamencotänzerin" besuchte mich nach einem längeren Telefonat, in dem sie mir deutlich zu verstehen gab, dass sie sich von diesem Bild nicht trennen würde, bei mir in Aschau. Wir unternahmen einen ausgedehnten Spaziergang, auf dem ich ihr von meiner Mutter erzählte. Sie war von der ganzen Geschichte so berührt, dass sie sagte: „Jetzt weiß ich, warum ich das Bild bis heute nicht verkauft habe. Es gehört Ihnen!" Freudestrahlend dankte ich ihr. Ich musste ihr versprechen, allzeit sorgsam mit dem Bild umzugehen. Sie hatte die ganze Welt um sich herum vergessen, als sie dieses Bild malte. Es war sehr besonders für sie.

Dieses Gemälde hat immer einen Ehrenplatz, egal, wo ich gerade wohne. Es ist für mich Ausdruck für die Verbindung zu meiner Mutter.

Nur ich kann mich heilen

Wenn ich in mir heil bin, kann ich die Welt verändern. Liebe kann ich erst erfahren, wenn ich sie in mir fühle. Und zwar zu mir selbst. Zuallererst. Erkenne ich das Wunder in mir, erkenne ich das Wunder in der Welt.

Ich fing an, mich zu mögen. D. h. ich beschloss, damit anzufangen. Nach einem meiner Seminare auf Lesbos mit Robert Betz. Er ließ uns diese „ unmögliche Übung" mit dem Spiegel machen: Man schaut sich selbst fünf Minuten lang (= gefühlte Ewigkeit) in einem Handspiegel an, den man sich vors Gesicht hält. Und man versucht, nicht nur die Pickel zu zählen. Ich schau mir in die Augen, Kleines, und ich fange an, sie schön zu finden, meine Augen. Sie sind dunkel und irgendwie tief. Mir kommen die Tränen. Ich bin gerührt. Ich schaue in meine Fenster, denke ich. Ich schaffe es, dabei zu bleiben. Nicht wieder abzudriften. Es sind die Fenster zu meiner eigenen Seele. Ich schnappe etwas von dem Gefühl auf, mir nah zu sein.

Dann passiert es: Ich fange an, mich zu mögen. Dieses „Mich", das grösser ist als meine Vorstellung von mir. Ich schaue auf meinen Mund. Ich hatte meine hängenden Mundwinkel nie gemocht. Sobald ich ernst bin, meinen alle, ich sei traurig oder schlimmer noch, böse. Jetzt spielt ein kleines Lächeln um meinen Mund. Ich fühle die Verbundenheit mit mir selbst. Es ist nicht wirklich gut in Worte zu fassen, aber ich kann sagen, dass es sich lohnt, sich auf dieses Experiment einzulassen.

Inzwischen liebe ich meinen Bauch. Jawoll! Nicht nur, wenn er eine kleine Mulde bildet, wenn ich auf dem Rücken liege, wenn er mal so wunderbar flach ist, dass ich mit Begeisterung darüberstreiche. Ich liebe ihn auch, wenn ich ein kleines bisschen schwanger aussehe, mit meinem gewölbten Bauch. Befreiend, dass ich mich inzwischen annehmen kann, wie ich jetzt, genau jetzt bin (nicht erst, nachdem ich abgenommen habe).

Ich fühle eine Freude am Leben. Ich fühle, dass ich richtig bin. Richtig so, wie ich bin und richtig an dem Platz, an dem ich bin.

Jeder ist richtig und am richtigen Platz, zur richtigen Zeit. Wäre es nicht richtig, wäre es anders. Naiv? Ja, vielleicht, aber für mich heilsam. Ich lehne mich nicht mehr auf gegen Unvermeidliches, stehe ein für Möglichkeiten und freue mich an Gegebenheiten.

Ich bin durch ein paar Höllen gegangen. Habe Schmerz und Kummer erfahren, wie jeder Mensch. Ich habe gelernt, dass ich mich und meine Sichtweise verändern kann. Heute wage ich mich an ein Denkmodell, das mehrere Lebensebenen für wahrscheinlich hält. Je nach meiner eigenen Schwingung lebe ich in der für mich passenden Ebene. Ich habe Einfluss auf mein Erleben, indem ich meine eigene Wahrnehmung verändere, meinen Fokus und meine Weltsicht. Ich befasse mich mit dem Morphogenetischen Feld und der Möglichkeit, es zu beeinflussen. Ein spannendes Gebiet. Und eine Idee, die mir Freiheit gibt. Wir sind alle frei, zu denken, was wir denken wollen. Wir sind alle frei, alles für möglich zu halten, oder eben auch nicht.

Freunde

Es gab und gibt viele wunderbare Menschen in meinem Leben. Manche haben nur kurz meinen Weg gekreuzt, andere begleiten mich schon viele Jahre. Und es gibt immer wieder neue Begegnungen in meinem Leben, die mich inspirieren, aufrütteln oder Freunde, die einfach nur da sind, wenn ich sie brauche.

Wenn ich Euch jetzt aufzähle, hat die Reihenfolge nichts zu sagen. Es gibt für mich keine Wertung für Liebe und Freundschaft. Und Euch, die ich hier nicht erwähne, Ihr seid dennoch in meinem Herzen. (gell, liebe Claudi, lieber Jörg!)

Du meine liebe Tante Zita, ich weiß, dass nur ich „Tante" zu Dir sagen darf, begleitest mich schon am längsten. Als Freundin meiner Mutter warst Du schon in meinem Leben, als ich noch klein war. Und Du hast mich begleitet auf ihrem letzten Weg. Mit Dir kann ich die kostbaren Erinnerungen an sie teilen. Du kennst meine ganzen verrückten Lebensstationen. Du bist jeweils da zuhause, wo ich es bin, und das wechselt ja bekanntlich oft. Ich bin so froh, dass ich Dich hab.

Da ist Otti, die zarte, lebendige, wilde Otti. Ich liebe an Dir Deinen Mut, zu Dir selbst zu stehen – Dein modisches, extravagantes Auftreten, Deine Liebe zu München, Deine Treue. Auch wenn immer mal wieder viele Monate ins Land gehen, die wir uns nicht sehen, ich weiß, wo ich Dich finden kann. Und das tut mir gut.

Aus der beruflichen Ebene in der Kosmetikbranche wurde eine tiefe Freundschaft, auch wenn Starnberg und der Chiemgau weit auseinander liegen und unser beider Leben so voll ist, dass wir uns selten, viel zu selten sehen. Die Verbindung ist da. Rosanna, ich bewundere Deine Kraft und Deinen Geschäftssinn. Wie Du Deine beruflichen Visionen umsetzt, bewundere ich aus tiefstem Herzen. Die Glaskuppel, die Du über Deine großzügige Wellnessoase bauen hast lassen, zeugt von der Größe Deiner Vision und Deinem Mut, Dinge anzupacken.

Laureen begleitet mich schon am längsten. Du, liebe Laureen, hast mich und mein Leben am meisten mit geprägt. Von Dir lernte ich, dass man mit einem offenen, strahlenden Lächeln alle Herzen erreicht und Deine Art Komplimente zu machen ist einfach bezaubernd und gewinnend. Außerdem hast Du maßgeblich an meinem Kleidungsstil mitgewirkt, was zwingend notwendig war. Als wir uns kennen lernten war ich 20, sah aus wie 40 und fühlte mich wie 60. Mit Deiner lockeren Art meintest du einfach zu mir: „Lass uns mal einkaufen gehen". Ich bin heute noch froh, dass ich mich von Dir überzeugen ließ. Danke für alles, liebe Laureen! Ich schätze Dich und unsere Freundschaft sehr.

Es gibt auch Männer in meinem Leben, mit denen mich eine tiefe Freundschaft verbindet, allen voran Mike, der mit seinem Partner immer open house für mich hat. Ich weiß, Mike gäbe mir sein letztes Hemd, wenn es mir helfen würde. Ich danke Dir dafür, dass Du immer für mich da bist, wenn ich Dich brauche, und dass Du mich in allen Facetten nicht nur kennst, sondern auch immer wieder nimmst, wie ich gerade bin.

Wolfram, den ich auf einem Seminar in Griechenland kennen lernte, war mir über ein Jahr lang Freund, Lehrer, Vertrauter. Wolfram, Du bist einer der Menschen, die eine Inkarnation eines Engels sind, da bin ich mir bei Dir ganz sicher. Einmal im Monat bist Du angereist nach Südtirol und hast alles in meinem Haus auf Vordermann gebracht. Dir verdankte ich, dass ich endlich, endlich einen funktionierenden Internetanschluss hatte und genügend kleingehacktes Holz zum Heizen. Darüber hinaus waren mir unsere Gespräche bis tief in die Nacht über Gott und die Welt (im wahrsten Sinne des Wortes) so wertvoll und die Aussicht, einmal im Monat für ein Wochenende nicht alleine zu sein, ließ mich die Einsamkeit ertragen. Mit Dir entdeckte ich die schönsten Orte meiner Wahlheimat. Von Dir lernte ich die schönsten Makroaufnahmen zu machen, mit der mir von Dir geschenkten Kamera. Mit Dir wagte ich mich mit Schneeschuhen, die Du mitbrachtest, auf die Steilhänge rund um Brixen. Ich bin so glücklich, dass Du in meinem Leben bist, mein lieber, guter Freund!

Ein einziger Mann, der mich Liebchen nennen darf, außer meinem geliebten Mann, ist Christoph. Der Austausch mit Dir ist immer erfrischend und humorvoll. Dass Du Dich ernsthaft für mich interessiertest, obwohl „Lichtjahre" zwischen uns liegen, hat mir geschmeichelt und mir gut getan. Schön, dass wir Freunde sind.

Dass ich Dich, lieber Eric, nach Jahrzehnten wiedergefunden habe, freut mich ganz besonders. Du warst meine erste Jugendliebe und die vergisst man ja bekanntlich nicht. Die „partywilden" Jahre unserer Wohngemeinschaft möchte ich ebenfalls nicht missen. Und dass Du meine Mäuse Himpelchen und Pimpelchen, die mir übrigens Melly eines Tages in einem Plexiglasbehälter mitbrachte und meinte, dass die gut zu mir passen würden, immer wieder eingefangen hast (sie brachen ständig aus ihrem feudalen, großzügigen Käfig aus), danke ich Dir noch heute.

Melly ist so ganz anders – anders im Sinne von nicht einzuordnen! Und wie ich Dich liebe! Nie werde ich unsere Jodeleinheiten auf der Toilette während unserer beruflichen Weiterbildung in München vergessen. Ich bewundere Dein Engagement für Menschen genauso, wie ich Dich um deinen tiefen Glauben beneide (im besten Sinne). Gibt es eine Situation, die Du nicht meisterst? Nein, ein ganz entschiedenes nein! Und dass Deine vielen Kinder so „gut geraten sind", das sei Dir Lohn und Freude.

Sabrina, Du bist so richtig „tief in mir drin" – ich hab Dich so lieb, nicht nur, weil Du mir so reizende Komplimente machst („Des steht da extrem guat") – ich spüre Dein Wohlwollen und Deine Anerkennung und es tut mir so wohl. Du bist eine großartige Frau und ich bewundere Dich, wie du dein Leben meisterst, mit allen Herausforderungen, denen Du schon gegenüber standest. Der Zusammenhalt Deiner Familie ist mir ein großes Vorbild. Und dass Du meine Hunde so lieb hast, freut mich extrem.

Nelly ist wieder neu und sehr präsent in meinem Leben, und dafür bin ich dankbar. Nelly, Du bringst mich immer wieder zum Nachdenken; und zum Wachsen. Ich bewundere Deine Schönheit genauso wie Deine Stilsicherheit und Dein extravagantes, selbstsicheres Auftreten. Darüber hinaus schätze ich Deinen Tiefgang, Deine ungeheuer profunde Ausbildung und Dein Engagement für Menschen.

Annalena und ihr Mann Giovanni sind ein Beispiel dafür, was Freunde zu leisten bereit sind, wenn es denn echte Freunde sind. Und das seid Ihr beiden so sehr! Da ich wegen eines langwierigen Bandscheibenvorfalles meinen Umzug nicht selbst bewerkstelligen konnte, haben die beiden, obwohl wir uns noch gar nicht so lange kannten, alles geregelt. Vom Einpacken bis zum Bereitstellen des LKWs, dem Einladen und dem Transport habt Ihr beiden alles für mich gemacht. Wie kann ich Euch nur dafür danken? Darüber hinaus habt Ihr mir ein Zuhause bereitet zu einer Zeit und an einem Ort, als ich mich sehr einsam fühlte. Ich bin Euch so verbunden. Danke Euch für all eure Liebe und Freundschaft.

Und dann ist da noch meine „sister" Paddy. Du bist so unverhofft und doch so selbstverständlich in mein Leben gestolpert, darüber freue ich mich heute noch. Gerne würde ich Dich öfter bei mir haben, wieder mit Dir eine CD mit italienischen Canzoni abspielend in Deinem kleinen Flitzer nach Italien düsen, um dort mit Dir

Gingerino und Prosecco, Prosciutto und Pasta zu genießen.

Nachbarn sind Nachbarn – manchmal gute und
manchmal sind sie eher Freunde. Da sind meine lieben
Maurers: Gigi und Robby aus der „Kiesgrube". Was hatten wir schon Spaß miteinander. Ich bewundere Deine
unglaubliche Kreativität, liebe Gigi. Wie sensationell
originell Du Dein Haus gestaltest, ist eine Lust. Und die
edlen Tropfen die Du, lieber Robby, mir immer einge-
schenkt hast, habe ich sehr genossen! Ich habe mich immer so wohl und aufgenommen bei Euch gefühlt. Ich
danke Euch sehr für diese schöne Zeit.

Und dann kommen „neue" Menschen in unser Leben,
die uns auf einmal ans Herz wachsen. Liebe Elly, lieber
Karl, Ihr seid einfach meine Lieblingsnachbarn. Dass Ihr
mich nach meinen Geschäftsreisen, nachdem Ihr und
Eure Kinder Lissy, Lara und Jochen meine Hunde und
Katzen liebevollst betreut habt, mit einem guten Tropfen
Roten empfangt, tut mir einfach wohl. Danke! Schön,
dass wir uns kennen lernten.

Neu in meinem Kreis ist Marita und ich freue mich,
dass wir uns über den Weg gelaufen sind. Deine Lernbereitschaft und Offenheit schätze ich sehr. Ich bin schon

ganz gespannt, was wir noch zusammen anstellen werden - und auf Dein Buch! Dein Organisationstalent und Deine Spontaneität tun mir gut.

Karsten hat meine Hunde, Katzen und mich ins Herz geschlossen – ich glaube, genau in der Reihenfolge! Und ich Dich! Unsere herrlichen Spaziergänge, unsere Bergwanderungen und die „missglückte" Schlittenpartie werde ich nie vergessen. Und dass Du mir den Jakobsweg ermöglicht hast, indem du die Betreuung meiner Tierfamilie übernommen hast, war ein zusätzliches, großes Geschenk. Dass wir auch „gerauft" haben, hat unsere Beziehung immer wieder belebt. Kann man das so sagen, lieber Karsten? Ich wünsche Dir von Herzen, dass Du Deine Vision und Deinen großen Traum in die Realität bringst.

Und natürlich vergesse ich nicht die Freunde, die Andreas und mir eine so außergewöhnliche Hochzeit bereitet haben. Mensch, was war das für ein großartiges Fest! Marga und Lutz, Annabelle und Helli, ich denke so gerne an unsere Traktor-ausmess-Aktion. Wer hat schon einen geschmückten Traktor als Hochzeitsauto? Solch ein Spaß! Und Eure Bereitschaft, jeden Blödsinn mitzumachen, zeichnet Euch besonders aus. Dass Ihr mich darüber hinaus auch noch „nicht verhungern" habt lassen, dafür danke ich Euch heute noch.

Eine Telefonfreundschaft muss ich einfach noch erwähnen. Jedes Gespräch mit Dir, mein lieber Dottore, tut mir gut. Und dass Du mich immer wieder in die Höheren Weihen des Internets einführst, geduldig und liebevoll, kompetent und vorausschauend, das danke ich Dir sehr. So verschieden wir sind, so gern hab ich Dich.

Mein Gott, bin ich reich beschenkt, so viele wunderbare Menschen sind in meinem Leben, viel mehr, als ich hier aufzählen kann. Ihr begleitet mich durch dick und dünn und inspiriert mich jeder auf seine Weise. Dafür bin ich Euch dankbar.

Wenn ich auch noch die vielen Meister, Lehrer, Trainer und Coachs aufzählen wollte, die mich geprägt haben, mir tiefe Einsichten vermittelt haben, in unschätzbar kostbares Wissen eingeweiht haben, dann würde das dieses Buch hier sprengen. Meine Dankbarkeit ist groß – genauso wie meine Lernbereitschaft. Danke, dass ihr Euch so engagiert habt für mich, geduldig ward mit mir und jeweils schon mehr in mir gesehen habt, als ich selbst. Durch Euch bin ich die geworden, die ich heute bin.

Über mich

Ich bin als Kind einer Künstlerfamilie geboren und aufgewachsen im Spannungsfeld meines bodenständigen, naturverbundenen Vaters, der sich gerne zurückzog, um stundenlang Querflöte zu spielen, und meiner Mutter, einer Schauspielerin, die nichts mehr liebte, als im Zentrum vieler Menschen zu sein oder noch besser, auf dem Tisch Flamenco zu tanzen.

Meiner Familie mütterlicherseits war es völlig klar, dass ich, die einzige Tochter, den Weg der Schauspielerei gehen sollte, um diese Tradition weiterzuführen. Mein Vater dagegen hielt nicht viel von dieser brotlosen Kunst.

Ich habe zwar am Mozarteum in Salzburg Schauspiel studiert und hatte auch einigen Erfolg bei meinen ersten Darbietungen, konnte jedoch meine Bühnenangst einfach nicht in den Griff bekommen. Es war immer ein Akt, mich zu meinem Stichwort auf die Bühne zu bekommen, was manchmal nur mittels einer Ohrfeige gelang. Nach den ersten Schrecksekunden und der Angst, meinen Text nicht mehr zu wissen, gelang es mir jedes Mal, das Publikum für mich zu gewinnen.

Das war jedoch auf Dauer derart aufreibend für mich und meine Kollegen, dass ich frustriert aufgab und mich erst einmal mit diversen, auch miserablen Jobs über Wasser hielt.

Ich jobbte als Bedienung in miesen Kneipen und in gehobenen Hotels. Ich versuchte mich als Sekretärin und holte meine Steno- und Schreibmaschinenkenntnisse hervor, die ich auf der Realschule erwarb, merkte jedoch bald, dass ich absolut nicht geeignet war, als Angestellte für einen Chef zu arbeiten. Es war nicht gut für mich und nicht für meinen Chef.

Ich finanzierte mir als Taxifahrerin in München eine weitere Ausbildung zur Kosmetikerin und später zur Heilpraktikerin.

20 Jahre lang führte ich begeistert meine Praxis in München, befasste mich mit Homöopathie und Gesprächstherapie, mit alternativen Heilmethoden und Ernährungsberatung.

Zugleich war ich mehr und mehr als Seminarleiterin gefragt und zu meinem eigenen Erstaunen war die Bühnenangst, die mich früher vor jedem Auftritt lähmte, wie weggeblasen. Je größer der Saal, je mehr Menschen, desto begeisterter war ich. Ich konnte mein Publikum berühren und je nach Thema auch wachrütteln. 4500 Menschen waren mein bislang größtes Publikum, wobei Menschen auch meine Einzelberatungen sehr schätzten und es auch heute noch tun.

Durch meine eigenen Erfahrungen tiefer Krisen und erschütternder Erlebnisse, die ich meistern musste und aus denen ich gestärkt hervorging, kann ich mich in die oft schwierigen Situationen von Menschen hineinversetzen und ihnen helfen, ihren Weg zu innerer Ausgeglichenheit und Lebensfreude zu finden.

Je mehr Vorträge und Seminare ich hielt, desto weniger schmeckte mir das „eingesperrt sein" in meiner eigenen Praxis. Freiheit war neben Authentizität und Engagement schon immer einer meiner wichtigsten Werte. Ich verkaufte meine Praxis und engagierte mich in einem Unternehmen, welches Gesundheitsprodukte herstellte. Voller Enthusiasmus baute ich den Vertrieb auf und führte ein Team von unterschiedlichsten Menschen zum Erfolg.

Meine Vita ist bunt und vielseitig. Konstant sind mein Wissensdurst und meine Lernbereitschaft. Seit meinem 18. Lebensjahr lese ich Literatur aus den Bereichen Persönlichkeitsentwicklung, Motivation, Selbstmanagement, Erfolgstraining, Unternehmertum und spirituelles Wachstum.

Ich besuche seit über 30 Jahren Seminare und Trainings in Europa und den USA. Ich durfte einige der weltbesten Trainer kennen lernen und wurde von namhaften Autoren und Lehrern persönlich gecoacht.

Jetzt gebe ich mein Wissen und meine Erfahrung in persönlichen Coachings weiter.

Meine Leidenschaft ist Ihr messbarer Erfolg.

Ich freue mich auf Ihren Besuch auf www.wildemilde.com sowie auf www.lauramilde.com . Es erwartet Sie hier eine Überraschung mit Gratis-Download. Nutzen Sie auch das Kontaktformular, um sich mit mir persönlich auszutauschen. Ich freue mich auf Sie.